走在乡间的小路上

——"建湖乡土文化"语文综合实践活动教材

主 编

姜春阳　　胡宏明

编 委

姜春阳　　胡宏明　　王成斌　　李雪峰

汤小光　　马 丽　　黄海燕　　葛 静

潘丽丽　　徐雯雯　　曾令胜　　田 国

江苏大学出版社

JIANGSU UNIVERSITY PRESS

镇 江

图书在版编目(CIP)数据

走在乡间的小路上 / 姜春阳,胡宏明主编. —镇江
：江苏大学出版社,2013.8
"建湖乡土文化"语文综合实践活动教材
ISBN 978-7-81130-539-5

Ⅰ.①走… Ⅱ.①姜… ②胡… Ⅲ.①中学语文课－
初中－乡土教材 Ⅳ.①G634.301

中国版本图书馆 CIP 数据核字(2013)第 202236 号

走在乡间的小路上——"建湖乡土文化"语文综合实践活动教材

主　　编/姜春阳　胡宏明
责任编辑/顾海萍　顾正彤
出版发行/江苏大学出版社
地　　址/江苏省镇江市梦溪园巷 30 号(邮编：212003)
电　　话/0511-84446464(传真)
网　　址/http：//press.ujs.edu.cn
排　　版/镇江文苑制版印刷有限责任公司
印　　刷/丹阳市兴华印刷厂
经　　销/江苏省新华书店
开　　本/718 mm×1 000 mm　1/16
印　　张/9.25
字　　数/180 千字
版　　次/2013 年 9 月第 1 版　2013 年 9 月第 1 次印刷
书　　号/ISBN 978-7-81130-539-5
定　　价/36.00 元

如有印装质量问题请与本社营销部联系(电话：0511-84440882)

写在前面的话

　　《全日制义务教育语文课程标准(实验稿)》对学生提出了综合性学习的要求,以加强语文课程与其他课程以及与生活的联系,从而促进学生语文素养的整体推进和协调发展。① 因此,语文新课程标准专门列出"语文实践活动"专题,进行综合性、探究性学习方式的尝试,旨在让学生在综合性的语文学习中,既能提高自身的语文素养,又能提高个人的实践能力、探究能力和创新能力,并借此建立开发性的语文教材和教学的新体系。所以,语文综合实践活动已经成为密切联系学生自身生活和社会生活、体现对知识的综合运用的一门重要的实践性课程。

　　语文新课标同时指出:"各地区都蕴藏着自然、社会、人文等多种语文课程资源,要有强烈的资源意识,去努力开发,积极利用。"②从这里不难看出,乡土资源就是语文资源的一个组成部分。与地域相结合,让学生走进乡土文化,这是语文综合实践活动课的一大趋势。

　　早在春秋战国时期就有先民繁衍生息的建湖,人文底蕴深厚。唐代朦胧宝塔留下了古代文明的鲜明印迹,吴越文明与楚汉雄风交融渗透,形成了建湖开放、包容的独特地域文化。这里不仅是地方戏——淮剧的发源地,也是中国传统杂技的两大发源地之一,被誉为"淮剧之乡""杂技之乡""花炮之乡"。这些都为我们开展具有乡土文化特色的语文综合实践活动,提供了丰富多彩的宝贵素材。

　　在教材的编写一方面遵循现代语文教学的规律,符合学生身心发展的特点,适应学生的认知水平,满足学生的兴趣爱好和发展需求;另一方面按照地方课程的性质和目标,引导学生关注本地区、本民族的文化,让学生树立终身学习的思想,全面提高学生的语文素养与语文能力。在实施本教材的教学活动中,须遵循以下原则:

---

　　① 教育部:《全日制义务教育语文课程标准(实验稿)》,北京师范大学出版社,2001 年,第22 页。

　　② 同①,第15 页。

一、姓"语"原则

坚持本教材的姓"语"原则,是指开设本课程的主要目的是提高学生语文素养和语文能力。不能把课上成历史课或地理课,甚至是其他的课程,而忽视了语文素养与语文能力的提高,也不能流于形式,仅有热闹,而达不到语文教学的目标。应该始终以语言的综合运用为过程,以能力发展为目标,坚持语文的教学。

二、学生为学习主体原则

坚持学生为学习主体原则,是将学生作为教学活动的主体,教学活动的目标就是关注学生能力的培养与提高。要承认学生的主体地位,始终关注学生在教育教学过程中表现的积极性、自觉性、能动性、创造性等主体意识,从而最终达成以学生语文能力发展为目标的教学设计。

三、教师为课程主体原则

坚持教师为课程主体原则,是指课程要最大程度地满足教师的专业创造与教学创新。引导、规范而不是禁锢、限制教师利用课程对教学进行建构和创造。课程为教师提供可利用的资源,强调教师在这个基础上的再创造活动。

需要指出的是,利用建湖乡土资源开展语文综合实践活动的教学设计,切不可把其当做一门具有知识体系的学科来"教",它虽然有设计者的意图,却没有固定的程序和现成的材料,也没有能够复制的具体方法,课程实施者无法忠实执行某种"方案",所以,综合实践活动需要灵活多样的课程实施策略。同时,还要看到,综合实践活动由于活动形式的开放性、活动过程的不确定性以及活动结果的不可预见性,对教师提出了完全不同于学科教学的素质要求,因此,教师的创造性及教育机制对于综合实践活动的顺利开展就显得尤为重要。

由于是初次尝试教材编写,其中难免存在疏漏之处,恳请读者斧正。

本书编写组

序　言

　　文化是一个民族的血脉之根。

　　在科教兴国方针的指引下,越来越多的学校都将拓展内涵、提升品位这一理念提高到重要的战略位置,于是,学校文化建设开始成为广大教育工作者共同关注、深入思考的重大课题。

　　事实上,学校文化建设是全面贯彻科学发展观,弘扬地方文化,加快推进素质教育,促进青少年全面、和谐、多样发展的重要举措,也是彰显学校特色、提升学校品位的重要内容。我县一线教师在长期的教学实践中,本着高度的责任感和使命感,充分挖掘本地乡土资源,精心设计综合实践活动,深入研究制订活动方案,在校园文化建设方面做出了大胆而宝贵的尝试,其意义和影响是不言而喻的。

　　被誉为“鱼米之乡”的建湖,人杰地灵、民风古朴,有着水乡独具特色的自然风韵,在历史的长河中形成了丰富的文化底蕴。岁月悠悠,勤劳质朴的建湖先民饱经沧桑、几番挫折、几番奋起,积淀了丰富的精神文化遗产。这些源远流长的文化,既是我们宝贵的灵魂之根,又是我们提升内涵的动力之源。“建湖乡土文化”语文综合实践活动教材整合了学生身边的乡土资源,努力探索其中的文化现象,坚持人文关怀,全力塑造学生健全的人格,在综合提高学生素养的同时,更是培养了学生爱家乡、建家乡的热情。应该说,本教材及相关校园综合实践课题的研发,标志着我县校园文化建设已经站到一个新的起点,同时也必将成为我县新时期教学现代化建设的重要引擎,为我县素质教育的全面开展以及打造学校品牌建设奠定坚实的基础。

　　“昔去雪似花,今来花似雪”,我坚信,在校园综合实践课题研发成功的引领下,我县的校园文化建设必将迎来百花怒放的春天。

朱巳星

2013 年 8 月 18 日

致我们的家乡——建湖

胡宏明

黄海之滨

西塘河畔

苏北明珠放光芒

吴越遗风

豪情汉唐

千年岁月历沧桑

九龙逶迤

塔影朦胧

如画风光在水乡

看丞相威仪

纵身一跃

气节千古流芳

听联大席上

代表团长

纵情大笑祖国强

淮剧登场
杂技炫目
非物质文化遗产远名扬

节能光电
石油机械
经济添翼再翱翔

建湖
我们依偎在你身旁
挥舞时代的妙笔
共同书写盛世华章

目 录

第一章　历史篇

这是一片神奇的土地,她孕育了具有千年历史的鱼米之乡。早在四千多年前,我们的祖先淮夷族就在这里繁衍、垦殖。斗转星移,家乡人民以自己的勤劳勇敢和聪明才智,创造了尽显异样风韵的水乡文明,使之成为物华天宝、人文荟萃之地。这里不仅是南宋丞相陆秀夫、著名外交家乔冠华的故里,也是传统杂技与地方戏淮剧的发源地之一。

她,就是我们可爱的家乡——建湖。

你想象过家乡这块神奇土地是如何形成的吗?你知道我们的家乡为何叫"建湖"?你了解建湖的昨天吗?

第一节　沧海桑田

❋ 回眸巨变

用"沧海桑田"来形容家乡这片神奇土地的形成,可谓恰如其分。建湖所在的里下河平原地区,在很久以前一直处于沉降状态,后来逐渐形成了一片残留的海湾。而古长江和古淮河搬运来的泥沙,经海流的再搬运,一部分就在这里沉积下来。随着长江、淮河沙嘴的延伸,逐渐封闭了这片残留的海湾,于是慢慢就变成了潟湖。①

其后,长江、淮河里的大量泥沙继续沉积,逐渐形成了现今的苏北里下河平原。分布在建湖县境内的九里荡、沙村荡等,就是这片平原上古代潟湖遗址的一部分。

当然,对于今天建湖县境内平原的形成,古代的先民们也是功不可没的。古代先民们的生产劳动,诸如农田水利和堤防设施的建设等,对家乡平原的最终定格起到了巨大的推动作用,他们的举措加速了潟湖的淡化、河流和湖荡的沉积以及土壤脱盐的过程。

唐宋时期,湖荡成片、农业发达的苏北里下河地区土壤肥沃、水域丰富。汉唐以来,历代地方官利用该地区优越的自然条件,兴修水利、屯田垦荒、发展航运。唐代上元年间(760—761 年),在射阳湖周边地区肥沃的土地上大兴屯田,官民都大获其益(《通典·食货志》)。北宋神宗年间(1068—1085 年),王安石推行新法,全国兴起水利高潮。唐和北宋时期的江淮地区是全国最富裕的地区。

南宋年间,黄河干流南下侵夺淮水的入海河道,黄河、淮河两大河流的洪水频频为患于里下河地区,溃堤惨祸时有发生(图 1-1)。洪泽湖的高家堰每次决口,里下河地区数十里乃至数百里的房屋、庄稼都被席卷殆尽。明万历二十一年(1593 年),淮水巨涨,淮河流域发生特大洪灾,洪水以排山倒海之势冲向民田,淮河上下一片汪洋,加之海啸并发,卤水倒灌,溺死居民无数。在极其严重的自然灾害的威胁下,里下河地区的百姓无法进行正常的生产活

---

① 所谓潟(xì)湖,是指在河流冲积与海流堆积作用下,伸进陆地所形成的海湾逐渐脱离海洋母体,并最终形成的封闭或近于封闭的湖泊。

动,由全国的富裕地区逐渐变为著名的贫困地区。

询问身边的老年人,建湖历史上曾遭受过怎样的水灾?

图1-1 曾多次夺淮的黄河

新中国成立后,人民政府加固洪泽湖大堤和里下河堤防,保护了里下河地区农田和人口的安全。为治理里下河的内涝,疏浚排水干河,建湖县政府开展了河湖水面调蓄涝水、整治内河河道、修筑圩堤等措施,提高了河湖的排涝能力。目前,里下河地区人均占有粮食居江苏六大农业区之首,成为全省重要的商品粮基地(图1-2)。

图1-2 今日美丽的家乡

 资料链接

什么是潟湖?

潟湖是海岸带被沙嘴、沙坝或珊瑚礁分割而与外海相分离的局部海水水域,海岸带泥沙的横向运动常可形成离岸坝——潟湖地貌组合。

当波浪作向岸运动时,泥沙平行于海岸堆积,形成高出海平面的离岸坝,坝体将海水分割,内侧便形成半封闭或封闭式的潟湖。

在潮流作用下,海水可以冲开堤坝,形成潮汐通道。涨潮流带入潟湖的泥沙,在通道口内侧形成潮汐三角洲。潟湖沉积物由冲入潟湖的河流、海岸沉积物和潮汐三角洲物质组成,主要包括粉砂淤泥质夹砂砾石物质,如黑色有机质黏土与贝壳碎屑等沉积物。通俗地讲,古潟湖就是人们常说的堰塞湖。

思考

　　阅读了以上的资料,你一定对潟湖有所了解了吧 ,请想象一下家乡的古潟湖会是一个怎样的天地呢?

　　我的想象:

_____

_____

_____

_____

 读书时间

　　建议同学们到校图书馆查阅古代先民垦荒、治水的相关资料,在阅读的过程中感悟先民勤劳、坚韧的品质,并将自己的心得体会写成一篇读书笔记,与同学们交流。

我的收获

　　　阅读书目:_____

　　　阅读印象:

　　　1. 古代先民是怎样开垦荒地的? 在他们身上,你体会最深的一点是什么?

　　_____

　　_____

　　　2. 在交流过程中,其他同学给你带来了哪些启发?

　　_____

　　_____

1. 活动方案

（1）分小组讨论，制订"寻找古潟湖活动计划"，包括活动的目的、时间、地点流程安排。

活动目的：＿＿＿＿＿＿＿＿＿＿＿＿＿＿＿＿＿＿＿＿＿＿＿＿＿

＿＿＿＿＿＿＿＿＿＿＿＿＿＿＿＿＿＿＿＿＿＿＿＿＿＿＿＿＿＿＿

＿＿＿＿＿＿＿＿＿＿＿＿＿＿＿＿＿＿＿＿＿＿＿＿＿＿＿＿＿＿＿

活动时间、地点：＿＿＿＿＿＿＿＿＿＿＿＿＿＿＿＿＿＿＿＿＿＿＿

活动流程：＿＿＿＿＿＿＿＿＿＿＿＿＿＿＿＿＿＿＿＿＿＿＿＿＿＿

＿＿＿＿＿＿＿＿＿＿＿＿＿＿＿＿＿＿＿＿＿＿＿＿＿＿＿＿＿＿＿

＿＿＿＿＿＿＿＿＿＿＿＿＿＿＿＿＿＿＿＿＿＿＿＿＿＿＿＿＿＿＿

＿＿＿＿＿＿＿＿＿＿＿＿＿＿＿＿＿＿＿＿＿＿＿＿＿＿＿＿＿＿＿

＿＿＿＿＿＿＿＿＿＿＿＿＿＿＿＿＿＿＿＿＿＿＿＿＿＿＿＿＿＿＿

（2）了解古潟湖的相关资料，如古潟湖的定义、古潟湖的形成、建湖境内古潟湖地域风貌，等等，重点搜集并详细阅读九里荡、沙村荡的详细资料。

（3）采访县地质单位的相关人员，了解这片土地的形成历史，如古潟湖形成之前的地貌、古潟湖的分布区域及现有遗迹、古潟湖对于境内陆地形成的作用等。

2. 活动过程

（1）全班分组查阅资料，了解家乡古潟湖的分布区域。

（2）搜集有关古潟湖的文献著作（包括图片、文字资料），并摘抄重要内容。

（3）建立研究小组，赴实地进行考察，并做好现场记录。考察期间，各小组同学互相交流。

我与＿＿＿＿＿＿同学的交流：

＿＿＿＿＿＿＿＿＿＿＿＿＿＿＿＿＿＿＿＿＿＿＿＿＿＿＿＿＿＿＿

＿＿＿＿＿＿＿＿＿＿＿＿＿＿＿＿＿＿＿＿＿＿＿＿＿＿＿＿＿＿＿

＿＿＿＿＿＿＿＿＿＿＿＿＿＿＿＿＿＿＿＿＿＿＿＿＿＿＿＿＿＿＿

＿＿＿＿＿＿＿＿＿＿＿＿＿＿＿＿＿＿＿＿＿＿＿＿＿＿＿＿＿＿＿

3. 活动小结

（1）整理搜集的资料与考察记录，在老师的指导下撰写研究报告。

（2）以小组为单位，举办"永远的古潟湖"专题汇报会，汇报"寻找古潟湖"活动的收获，可以用口头汇报形式，也可以用图像文字汇报形式。可邀请老师、外班同学和家人参加。

我们采取这样的汇报形式：

_____

_____

_____

_____

（3）就这次专题汇报会的感受，比如对家乡土地形成的理解，写一篇小通讯，在校内外有关媒体上报道。

在这次活动的汇报会中，我感受到了 _____

_____

_____

_____

第二节　历史变迁

❋ 历史隧道

　　建湖县境原为古盐阜平原的一部分,位于古淮水下游的南岸,夏、商、周时,古淮水的近海地区为我国古代东方民族淮夷的居地,故先秦典籍上以"淮夷"笼统地称述这一地区的部落或国家。

　　秦统一全国后,"淮夷皆散为民户",淮夷地开始列于郡县,县境为东海郡属地。汉高祖灭西楚的第二年(前201年),封刘缠为射阳侯,县境为射阳侯国封地的一部分。为"利在煮海",分射阳东境肇建盐渎县。汉末,江淮间战乱迭起。建安五年(200年),孙吴占有广陵郡南部地区。此时曹操(图1-3)恐江淮民户为孙权(图1-4)所掳掠,下令"内徙"①,结果人户逃散一空,纷纷迁往江南,"江淮之地不居者数百里",盐渎、射阳因人户空虚而废置。

图1-3　曹操

图1-4　孙权

　　晋武帝太康元年(280年)平吴后,县境东部属盐城,西部为左乡县地。隋开皇初年(581年),山阳、盐城两郡俱废,降为县,上隶于新立的楚州,县境全属盐城。唐武德六年(623年),"废射州,省三县",复立盐城县,上隶于楚州。自此,县境全为盐城县地,历宋、元、明、清循而未改。清雍正九年(1731年),县境北部辛庄地区划属新设的阜宁县,其余仍如旧制,直至建阳立县。

----

　　① 内徙:向内地迁移。

1941 年 9 月，为便于对敌斗争，盐阜区行政公署决定，划旧制盐城西北七个区肇建建阳县，正式建县时间为 9 月 18 日，隶属盐阜区。1945 年秋，隶属盐阜分区，同年底隶属苏皖边区第五行政区。1947 年 2 月隶属苏北行政区第五分区。1949 年 5 月隶属苏北行署盐城行政区。1951 年改建阳县为建湖县，1952 年隶属江苏省盐城专区。1970 年隶属盐城地区，1983 年为盐城市属县之一。

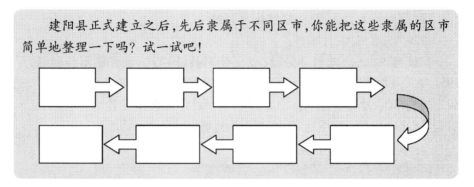

建阳县正式建立之后，先后隶属于不同区市，你能把这些隶属的区市简单地整理一下吗？试一试吧！

✳ 行政区划

历史上县境基层行政区划见之于文字记载的始于宋代，但只是少数地方。一是从乐史《太平寰宇记》中得知县境内东北为新兴场辖境，二是从《宝祐登科录》中的陆秀夫籍贯里了解今县境中部为盐城四乡之一的长建乡辖境。元代盐城的基层行政区划见于记载的更少，仅知今县境东部为长一都、中部为长二都、西部为长三都地。元以后县境行政区划渐趋清楚。

明代盐城设 4 乡 100 个里，里设里正 1 人，甲首若干，奉行官府文告。今县境东南为新丰乡新丰等里，县境中部为新丰乡张歧、唐桥等里，沿荡地区为建城乡长建、梁泽等里，北马厂、浒庄、高作、长北滩一带为长乐乡新安等里，钟庄地区为长乐乡梁垛等里，辛庄地区为长乐乡埝头、陈桥、朦胧等里。县境东北为东乡地，里名不详。因为每个里的册籍前首列一图，载明户口、丁数、田亩及业主姓名，所以后来"图"就成了里的代称。

清中叶以后，乡里之制渐废。乡镇地方依习惯以圩区为单位各自为团，各团例设乡约一人，奉行官府文告，清查户口。太平天国革命战争期间，境内地主阶级亦以团为单位，联合训练乡勇。这样，团就成了基层行政单位。

❋ 探索发现

你知道吗？今天建湖的许多地名仍然保留着"团""圩"这些古老的行政单位，如上冈的"新团""大团""坍圩"、建阳的"陈圩"、蒋营的"建圩"等。

1912 年，市乡自治成立，盐城县为 25 市乡。

1929 年，废市乡，行区制。

1941 年 9 月，盐城划县分治，成立建阳县，因与福建省建阳县同名，于 1951 年 7 月取建阳、湖垛（今近湖）两镇的首字为名改称建湖县。建县后，先后隶属盐阜区、盐阜分区、苏皖边区第五行政区、苏北行署盐城行政区、江苏省盐城专区、江苏省盐城地区，1983 年为盐城市属县之一。

现在大家知道"建湖"得名的由来了吧！

❋ 阅读小屋

洪武赶散

"洪武赶散"又称"红巾赶散"，发生在明代初期，当时朝廷从江南迁移大量人口到苏北一带进行垦荒，历史学家称之为"洪武赶散"。因朱元璋的部队头扎红巾，故民间称之为"红巾军""红军"，"洪武赶散"也被称为"红巾赶散"或"红军赶散"。

想一想，朱元璋"洪武赶散"的目的是什么？

图 1-5　朱元璋

元至正二十六年(1366年),朱元璋(图1-5)占领淮河两岸的大片地域。战乱使苏北地区人口逃毙殆尽,亟待移民充实。同时,江南地区有很多地主阶级人士依附张士诚①,故明朝初年,政治上施行的一项重要措施,是进行强制性的大规模移民。洪武三年(1370年),迁苏南诸府之民4000余人至江北垦田,又移江南之民14万户于苏北各地。据《盐城县志》所载,朱元璋登基后不久,为了报复苏州、松江、嘉兴、湖州、杭州一带王府绅民对张士诚的拥戴,遂以移民垦荒为由,将上述地区王府的近40万人丁驱赶到苏北,从此便在此定居繁衍。另外,建湖县《古县志》记载:"公元1368年前后三年,有苏、常等庶民迁徙本地居住",在插草围标的荒地上,谁围多少,就由谁开垦多少,并免除三年徭役的租税。今日许多盐城人家的族谱,大体都从明洪武年间开始的。

同学们查阅一下自家古老的家谱,看看是从什么年间开始记载的?与"洪武赶散"有联系吗?

我的调查:_____

_____

_____

奇怪的是,今天的盐城人(包括建湖人)几乎都会说自己的祖籍是"苏州阊门",因"洪武赶散"从苏南来到苏北的。为什么来自江南各地的几十万人都说自己来自苏州阊门呢?这便留下了一段众说纷纭的历史谜案。对此解释,主要有三类说法:一是苏州民众当时迁出时,皆从阊门出去,在阊门登记,故如是说;二是当时一些在苏北的人想返回原籍,朱元璋对此不满便欲下令斩首,朱元璋身边的一个大臣想了个办法挽救那些人,他对朱元璋说自己是苏州阊门的,请求朱元璋对苏州阊门的人法外开恩,随即通知在苏北的苏州移民,都说自己是阊门的,可以消灾,故如是说;三是根据"苏州阊门"的城门寓意,反映了"洪武赶散"的后裔憎恨朱元璋的情结。

🔍 思考

盐城人为何称自己的祖籍是"苏州阊门"?大家对缘由一定产生浓厚兴趣了吧?你认为哪一种解释最为科学呢?说一说你的理由。

---

① 张士诚:元末农民起义领袖,建国号大周。后败于朱元璋军,投降元朝。洪武元年(1368年),被朱元璋俘虏后,自缢而死。

我认为第____种解释最科学,因为 _____

_____

_____

_____

_____

❋ **综合实践**　建湖地名中的历史与文化

1. 活动方案

请将具体内容填入表1-1。

表1-1　活动方案情况

阶段	时间	主要任务	阶段目标
1	2周	查找资料,小组讨论,与相关人员进行访谈	掌握建湖地名的状况,并归纳分类
2	4周	联系社会,实地调查	探索建湖地名的历史渊源和相关故事,挖掘出其中的文化内涵
3	1周	成果交流展示	展示研究成果,形成总结报告
4	1周	地名历史文化宣传周	拟订方案,进行地方宣传,增强地域文化的认同感

2. 活动过程

全班同学经过讨论,根据自己的兴趣、爱好,采用自愿组合的方法分成三个小组展开活动,主要分为河道地名组、乡村地名组和古迹地名组。

（1）搜集资料。各小组同学可以到图书馆或上网查询有关信息,也可以向有关人员询问,组内同学将搜集来的资料进行汇总,并加以分类。

我们小组搜集资料的途径可谓是五花八门:

_____

_____

_____

_____

（2）聘请相关老师带队，各小组分赴村落、河道以及古迹等地点进行实地考察和调研，做好详细记载，并将内容填入表1-2。

表1-2　考察活动情况

组别	活动地点	活动目的	活动方式	聘请的老师
河道组				
乡村组				
古迹组				

（3）考察结束之后，每个小组将所访地名中蕴含的历史文化知识或故事，进行单独整理。

> 没想到＿＿＿＿＿＿＿＿这个地名中蕴含着这样的故事！
>
> ＿＿＿＿＿＿＿＿＿＿＿＿＿＿＿＿＿＿＿＿
>
> ＿＿＿＿＿＿＿＿＿＿＿＿＿＿＿＿＿＿＿＿
>
> ＿＿＿＿＿＿＿＿＿＿＿＿＿＿＿＿＿＿＿＿
>
> ＿＿＿＿＿＿＿＿＿＿＿＿＿＿＿＿＿＿＿＿

3．活动小结

（1）每个小组将收获的成果，在全班交流展示，并把建湖地名中所蕴藏的历史文化知识进行汇总，最终形成总结报告，在校文学社发表。

组别：＿＿＿＿＿

> 考察地名：＿＿＿＿＿＿＿＿＿＿＿＿＿＿＿
>
> 起源时间：＿＿＿＿＿＿＿＿＿＿＿＿＿＿＿
>
> 历史文化：＿＿＿＿＿＿＿＿＿＿＿＿＿＿＿
>
> ＿＿＿＿＿＿＿＿＿＿＿＿＿＿＿＿＿＿＿＿
>
> 疑点之处：＿＿＿＿＿＿＿＿＿＿＿＿＿＿＿
>
> ＿＿＿＿＿＿＿＿＿＿＿＿＿＿＿＿＿＿＿＿
>
> ＿＿＿＿＿＿＿＿＿＿＿＿＿＿＿＿＿＿＿＿

（2）在知道了这些地名背后蕴藏的历史文化知识之后，你肯定想要把这些成果与身边的人共同分享吧！你可以在班级的黑板报上设立一个专栏，也可以创设标语，向周围的人群进行宣传。

 思考

请为你所考察的某个地名拟写一个有历史文化内涵的创意广告吧！

第二章　风景篇

　　无论你离开家乡有多久，无论你地位有多高，无论你贫穷还是富有，最难割舍的是故乡情怀，最难忘却的是故乡风景。我们的家乡是一个神奇秀丽的世界，有令人神往的九龙口，有充满神奇的五谷树，还有千年古刹泰山寺、朦胧宝塔和汉墓群等历史古迹……她不断吸引我们去发现她的魅力，歌咏她的神奇。

　　　　你知道我们的家乡为何被誉为"水乡西湖"吗？你知道我们的家乡有哪些美丽的风景吗？你知道我们的家乡有哪些著名的历史古迹吗？

第一节 水乡纵览

❋ 水乡西湖

我们的家乡有"水乡西湖"之美称,她东枕通榆公路,西襟射阳湖,地处苏北里下河地区"三大洼"的下洼。境内沟河港汊纵横交错,共有大小沟河3000余条。主要排水入海河道为黄沙港,另有部分洪水从射阳河下排入海。主要骨干河道还有:南北向的蔷薇河、戛粮河、西塘河、东塘河、渔深河、串场河、通榆河和东西向的南盐河、北塘河等。全境长堤环绕,绿树掩映,呈现一派水乡风光。尤其是境西湖区,景色优美,令人流连忘返。

全境日照充足,自然降水量大,土地肥沃,适宜粮、棉、油料、水果、蔬菜等各种作物生长。境内生物资源丰富,品种繁多。植物资源有木本植物、草本植物、地被植物三大类,共1000余种,其中草本植物就有115种,分属25科。传统物产有"稻麦蒲柴藕,鱼蟹鳖蛋虾",素称"饭稻羹鱼"之乡。动物资源有陆生动物和水生动物近1000种。素有"鱼米之乡"之称。

近年来,全县启动了"蓝天、碧水、净土、绿化、宁静"工程,精心打造绿色生态城市名片。不仅营造了西塘河风光带、建港沟风光带,还对市民广场、希望广场、金融绿地、森达绿地等进行了绿化改造。目前,全县主次干道全面实现绿化,新建绿地广场、休闲园林10多处、景观道路6条,新建绿色社区3家,新增公共绿地5万多平方米,人均绿地达10.8平方米。另外,高作西站村围村林、近湖珍稀植物园、蒋营(昆山)园艺基地正在兴建。一个新的生态水乡正在崛起。

打开中国地图,看看我们的家乡属于哪类自然景观区?

我们家乡的地理坐标在东经119°33′~120°05′、北纬33°16′~33°41′之间,南北长43.7公里,东西宽48.7公里,总面积为1154平方公里。温带季风气候明显,雨量充沛,日照充足。年平均无霜期212天。

1. 风景欣赏

你知道下面这些美丽的风景是我们家乡的什么地方吗？请分别为它们拟一个标题。

（　　　　　）　　　　　　（　　　　　）

（　　　　　）　　　　　　（　　　　　）

2. 小小导游

刚才同学们欣赏了几幅美丽的家乡图片，一定大饱眼福。那你愿不愿意做一次向导，向未到过你学校的朋友介绍一下你的校园呢？相信你一定会很出色！

我的介绍：

图 2-1　双湖公园鸟瞰图

建湖县双湖公园(图 2-1)位于县城南部,东临湖中路,西靠建宝线,南接双湖路,是由原先两个废弃的窑塘蓄水形成开阔湖面后建设而成。整个公园面积达 2000 多亩,其中水面面积近 1000 亩,绿化面积近 1000 亩,是苏北地区最大的综合性生态公园。公园于 2008 年 8 月 18 日开工,2010 年已投入使用。

公园整体由杭州园林院设计,它以建湖水乡风貌为基础,以被列入国家非物质文化遗产的建湖杂技和淮剧文化为内涵,以水绿生态为特色,以大面积湖泊和花草树木为主体,是一个开放式综合性生态公园。

公园充分考虑与周边环境的协调,突出园区的整合、生态性、休闲性和文化性。整体性:充分考虑公园与周边坏境的整合,做到自然渗透、无缝衔接,特别是在功能区块划分、河流水域的整理等方面考虑与城市总体环境的衔接,以带动周边地块的发展。生态性:突出绿化在公园建设中的主体地位,以绿为主,通过植物、地形、水体的综合处理,形成生态化的空间格局。休闲性:采取"大开放、小封闭"的管理模式,通过休闲服务设施的建设,协调公园的生态效益、社会效益、经济效益之间的关系。文化性:深入挖掘具有建湖特色的传统文化与现代文化,赋予公园深厚的文化内涵。

规划采用"一心两片六区"①的总体布局构架。六大区域之间通过公园绿化组织及园路系统有机地组成一体，形成一个满足居民休闲活动需要、具有多重功能的现代城市综合性生态公园。

公园绿化与园区意境相结合，烘托整个环境，突出绿化的纽带、串联作用，重视四季景观设计，在常绿树占主体地位的前提下，强调季节变化。绿化的种植方式突出公园整体的自然生态特点，以自然种植为主。花草树木有两百多个品种，有香樟、大叶女贞、雪松、广玉兰、湿地松、银杏、枫香、国槐、乌桕，等等。这些植物结合地形营造出山体效果，形成了良好的绿化背景，进一步美化了公园的环境。

公园的建成带动了整个城南新区的发展，正在形成一个以公园为中心的新的行政和商务区。公园的建成不仅提升了城市的品味，也改善了群众居住的环境，更成为建湖县城对外的一张亮丽名片（图2-2）。

图2-2　双湖公园

 环保在行动

风景优美的双湖公园已经投入使用。请你为公园搜集一些保护环境的标语牌，如图2-3，当然你也可以根据实际情况设计一些标语牌哟！

---

① "一心两片六区"：一心，指中心水体区，是以现有砖场挖掘形成的低洼地带，蓄水形成的开阔湖面；两片，指以秀夫路为界，将公园分为东西两片，即：生态体验片、文化休闲片；六区，指分布于两片之间的六大区块，包括康体活动区、民俗休闲区、佛教文化区、商务接待区、自然景观区、生态游憩区。

图 2-3　环境标语牌

我的环境标语牌:

※ 实践活动　我是小小摄影师

1. 活动方案

全班分组讨论,制订"我是小小摄影师"的活动计划,并将内容填进表 2-1。

表 2-1　活动计划情况

活动主题				
成员	组长			
	组员			
分工	采访员		调查员	
	记录员		摄影师	
	资料整理员		其他工作	

活动计划	时间	
	搜集内容	
	活动形式	
研究方法	查阅资料（　　）　调查统计（　　）　上网（　　）采访记录（　　）　出外考察（　　）　其他（　　）	
成果展示方法	自编小报（　　）　制作宣传画（　　）　表演示范（　　）制作课件（　　）　制作图片集（　　）　其他（　　）	

2. 活动过程

（1）全班分组,准备外出摄影活动的器材及工具,同时由老师指导摄影方法和技巧。

（2）活动前,老师重点强调活动安全,同时要求学生们在活动中要注意保护生态环境。

（3）各个小组用相机捕捉建湖的美丽风景,抓拍队员活动的场景,制作班级或个人网页。

我的风景相册:

3. 活动小结

（1）各小组整理摄影资料,在老师的指导下制作班级或个人网页。

（2）以小组为单位,举办"我是小小摄影师"专题汇报会,汇报活动的收获,可以用口头汇报形式,也可以用图像文字汇报形式。最好能邀请老师、外班同学和家人参加。

第二节　九龙戏珠

❋ 地理位置

　　九龙口自然保护区位于射阳湖腹部的蒋营镇,为里下河古潟湖的一部分。中心点在沙家庄西首,它由离岸 50 米处的一座湖心岛永浮墩和从东、南、西、北不同方位蜿蜒而来的九条河组成,九条河从远方汇聚而来,形成"九龙戏珠"之势。

❋ 丰富资源

　　九龙口自然保护区仍保留着原始的湖荡、湖滩自然环境,堪称一绝。据专家考证,这里五千年前仍为大海,由于长江和淮河上游冲下的泥沙在此堆积,逐渐变为一条西北、东南走向的河堤,封闭了浅水海湾,形成了古潟湖。宋以后,黄河夺淮,这一带泥沙量剧增,把原来的水面分割为大大小小的湖荡、沼泽,其中最大的一个湖泊就是射阳湖,清人刘沁区有《晚泊射阳》诗云:

> 空陂临积水,去此泊应难。
>
> 寺带荒村小,湖吞落日宽。
>
> 归渔炊傍岸,旅雁宿依滩。
>
> 何事川途暝? 孤篷枕未安。

　　建湖九龙口自然保护区是射阳湖的一部分,面积 3.5 万亩,其中水面 1 万亩,滩地 2.5 万亩。这里环境良好、水质清洁,遍藏水禽野味,广植柴蒲菱藕,盛产鱼虾蟹鳖,故有"金滩银荡"之美誉,加之气候温和,食饵丰富,是野生禽鸟理想的活动和栖息的场所。因此,一年四季,禽鸟不断,冬春时节,有丹顶鹤、白天鹅等珍禽;夏秋之季,大雁、野鸭亦在此觅食宿夜。据省有关专家实地考察后认定,这里有 64 种野生禽兽、75 种野生植物、62 种树木、36 种水产品、3.8 万亩荡滩,是天然的"聚宝盆"。

❋ 旖旎风光

九龙口自然风光富有魅力,有"九龙戏水"①"九楼倒影""荷港观鱼""绿波泛舟""晨雾轻纱"等胜景。尤其是"九龙戏水"的奇观,为海内外少见,因而有"水乡西湖""东方威尼斯"的美称。阳春三月,芦芽出水,荷菱密布,娇鲜欲滴,一片嫩绿,一望无际。绕堤垂柳倒清影,丛丛翠竹隐茅屋,穿梭燕雀掠天光,翩翩游艇推青波,好一幅天工地造的美丽画卷。春夏之际,万顷湖荡,一片青绿,阳光普照,金闪银烁,微风吹过,绿叶起波,游人穿梭其间,凉爽而快意。若泛舟水上,看百鸟竞翔,渔舟点点;清澈见底的湖水里鱼虾嬉戏,水草摇曳,令人心旷神怡,流连忘返。黄金秋季,芦苇摇曳,荷菱点缀,白帆点点,鹅鸭群群,虾跳鱼跃,螃蟹横行,一展九龙口的富饶和美丽。冬天则银装素裹,分外妖娆。四时变幻,天然胜景,令人心旷神怡。

在几处景致中,最让人流连忘返的,要数登永安墩九龙楼远眺九龙口(图2-4)。只见湖荡碧水,芦苇草滩,港汊交织,渔帆点点,气势恢宏,给人以"渔村临水风来阔,海国无山落日迟"的感受。永安墩上旧有的龙王庙,早已不存。当地政府在墩上兴建了

图2-4　九龙口远眺

一座宫殿式建筑,取名九龙楼。此楼共三层,黄墙碧瓦,画角飞檐,甚是壮观。屋顶有九条龙,朝向九条河流的方向。人们登楼观景,只见碧波浩渺、烟水苍茫,湖水如水晶一般,游鱼水草历历可数;湖中荷叶像无数把绿伞,亭亭玉立,万朵莲花似带雨海棠,绚丽动人;湖面上的鸭群和鹅群,如白云飘忽;时有渔歌从芦苇丛中飞出,渔舟掠过水面,划起一大片放射形的波纹四面散开,使人想起"船行明镜中"的诗句;秋冬时节,雁阵南飞,寒鹭嬉戏,还有那丹顶鹤、白天鹅、鸳鸯、芦雁等候鸟在此越冬,更增添了几分情趣。

如今,建湖县人民政府已将九龙口辟为游览区,正在加快这里的旅游设施建设,不久的将来,这里就会成为"令人倾倒,使人心醉"的观光胜地。

> 同学们,你们知道为什么这里被称为"九龙口"吗?

---

① "九龙",指蚬河、城河、涧河、莫河、溪河、新舍河、安丰河、钱沟河、林上河等。

九龙传说

相传尧舜时,有一条黑蟒兴风作浪,荼毒生灵,搅得老百姓居无宁日。老百姓向上苍求告,最后惊动了玉皇大帝。玉皇大帝便派了九条青龙前来降服它,青龙与黑蟒苦战七七四十九个昼夜,终于杀死了黑蟒。青龙与黑蟒搏斗时留下的痕沟就形成了今天的九条河,并且在河道汇集的地方冒出了一个大土墩。这个大土墩还真有点神奇,尽管四面环水,地势不高,但自古以来,从未被淹没过,连1931年和1991年的大水,也未能漫到它上面,因此,人们称之为"龙珠岛""永安墩"。有人说九条青龙至今还在地下牢牢地缚住黑蟒,保护着百姓的平安……

✳ 阅读小屋

一个叫九龙口的荡

丁立梅

他们叫它荡。

荡,一个女村民,眼望着浩渺的水波,这样说,像是在呼唤家里的人。

这就是九龙口,在一个叫蒋营的小镇。村庄老旧,路两边,人家的屋顶上,野草长得茂密。门前一瓷盆的太阳花,婀娜多姿地开着。我疑惑地问:"这就是九龙口?叫河还是叫湖?"女村民再次肯定地告诉我们:"荡,它叫荡。"

不像旅游景点,一点不像。它没有喧闹,没有花花绿绿的店铺,没有高叫着兜售小物品的商贩。甚至连门票也不要,你直接走进去就是了。狗和猫,在路上走得逍遥。孩子们三五成群,在太阳下玩,浑身晒得像黑泥鳅似的。一切都很安静,像在午睡。

早些时候,我就从报上"认识"了它,说它由九条自然河汇聚而成,远远看去,像九条龙盘旋在绿色大地上。也听过一个有关九龙战恶蟒的传说,说在很远很远的古代,有恶蟒盘踞于此,残害百姓,搞得人们居无宁日。最后惊动了玉皇大帝,玉皇大帝派了青龙,到人间来降伏此恶蟒。青龙与恶蟒激战时留下的深深印痕就形成了九条河流。我向当地居民求证,我问:"是这样的么?"他们憨憨地笑着答:"是这样的。"他们因有了这个荡而骄傲,像拥有自家祖传的宝贝似的。

女村民年龄不大,看上去,不过二十五六岁。她一路跟着我们,说:"我带你们去荡里玩啊。"屋后水边，就系着她家的小船。那船真是袖珍，我想，叫它"舟"应该更恰当些。女村民说："三个人坐一条船吧，便宜些。"我问："荡里面有什么好玩的？"她答："可以看芦苇啊，可以看水啊，可以看白鹭啊，荡里的白鹭可多啦！还可以吹吹风，荡里可凉爽呢。"

于是我们去荡里。桨击起水花，一朵又一朵。水是墨绿色的，伸手捞一把，清涟涟，凉丝丝，入了心。一片一片的芦苇，把辽阔的水域，切割成一个一个的荡。这时节，芦苇呈苍绿色，远望去，有芳草碧连天之感。我们的船划进一个荡，出来，又进另一个荡，九曲回肠般的，像走迷宫似的。空气中，是水的味道，芦苇的味

图2-5 荡

道，还有水草的味道。使劲嗅嗅，满鼻清香。风乍起，浪击得小船晃悠如摇篮，我们回到最初的纯净，做了那小小的婴儿。芦苇丛中的白鹭，在我们惊喜的欢叫声中，一只一只飞起。远处，近处，它们在舞蹈。我想起那著名的诗句："一行白鹭上青天"，诗里的白鹭，是不是也住在这样的荡里面？有这样的荡在，白鹭是幸福的。而看到白鹭的我们，更是幸福的。

荡中有岛，叫湖心岛。这大概是某些文化人给命名的。女村民可不这样说，她说，小岛，荡里的小岛。站在小岛上，目及之处，水从四面汇集而来，一片白茫茫。我问女村民："这荡，到底有多大？"她笑答："很大啊。"我坚持，到底有多大嘛？她依然回答，很大的。我笑了，认同了她这一说

图2-6 湖心岛

法。在她心里，他们的荡，是不好用数字来计算的。它的浩渺，无可替代。

荡里多鱼虾，都是相当鲜嫩可口的。还有蟹。一只白鹅，领着一群灰鸭，踩着水草，一路快乐地游过去。

"晚一个月你们再来，会吃到菱角的。"在我们跟她告别时，女村民说。

我们家乡批评不肯劳动的年轻人时,用一句俗语叫"四体不勤,五谷不分"。那么,"五谷"是指哪五谷呢?

"四体不勤,五谷不分"这句话出自《论语》。五谷:通常指稻、黍、稷、麦、菽。可令人惊奇的是,在九龙口那里有一种树叫五谷树(图2-7)。这种古树的叶子乍看仿佛榆树叶子,每到春暖花开的时节,枝条上开出雪白的繁花。其后年年结出形状各异的果实。有时像稻谷,有时似高粱,有时如玉米,有时则又仿佛小麦、小米之类的谷物,甚至还有像鱼、像虾的。由于此树结出的果实形似五谷,所以当地人们都叫它"五谷树"。

图2-7　五谷树

五谷树的成长年代,实在难以考证。据当地老人说,大概不下数百年。说来也怪,当到了春天,大树上开出一片白花,结出了像稻谷似的果实,这年的水稻便会获得丰收。莫非这种树的果子是某种庄稼丰收的预兆吗?其后,村里的百姓就依据树果提供的"信息",种植庄稼。就是说,看看当年树果像哪种谷物,就种哪一样庄稼,果然得到印证。年年如此,年年丰收。这种神奇引来了许多中外游客前来观赏。

✹ **实践活动**　亲近自然　拥抱绿色

1. 活动准备

(1)让学生了解"亲近自然　拥抱绿色"活动的内容及保护环境的意义。然后分小组讨论,制订"亲近自然　拥抱绿色"计划,包括活动的时间、地点、内容及流程安排。

活动目的:＿＿＿＿＿＿＿＿＿＿＿＿＿＿＿

＿＿＿＿＿＿＿＿＿＿＿＿＿＿＿＿＿＿＿＿＿

＿＿＿＿＿＿＿＿＿＿＿＿＿＿＿＿＿＿＿＿＿

活动时间、地点:＿＿＿＿＿＿＿＿＿＿＿＿＿＿

活动流程:＿＿＿＿＿＿＿＿＿＿＿＿＿＿＿＿＿

＿＿＿＿＿＿＿＿＿＿＿＿＿＿＿＿＿＿＿＿＿

＿＿＿＿＿＿＿＿＿＿＿＿＿＿＿＿＿＿＿＿＿

（2）要求全体学生通过各种途径对活动地点九龙口做一个初步的了解，并强调安全注意事项。

（3）各个小组根据班级的活动主题，构思相应的活动内容，用综合实践活动的形式，开展"亲近自然　拥抱绿色"主题活动。

2. 活动过程

（1）各小组要结合自己组内的活动计划，聘请与本组活动内容关联性最大的老师作指导。

（2）各小组要认真搜集好小组活动全过程的各类资料，便于在活动总结时，与其他小组进行交流。

我与＿＿＿＿＿＿＿同学的交流：

＿＿＿＿＿＿＿＿＿＿＿＿＿＿＿＿＿＿＿＿＿＿＿＿＿＿＿＿

＿＿＿＿＿＿＿＿＿＿＿＿＿＿＿＿＿＿＿＿＿＿＿＿＿＿＿＿

＿＿＿＿＿＿＿＿＿＿＿＿＿＿＿＿＿＿＿＿＿＿＿＿＿＿＿＿

＿＿＿＿＿＿＿＿＿＿＿＿＿＿＿＿＿＿＿＿＿＿＿＿＿＿＿＿

3. 活动小结

（1）整理搜集的资料与考察记录，在老师的指导下撰写研究报告。

（2）各小组以自己喜欢的形式向全班同学展示自己的成果。如：手抄报、树叶贴画、植物名片、照片、保护绿化广告语设计、调查表以及绘画作品等。

第三节　塔影朦胧

❋ 朦胧宝塔

　　朦胧宝塔位于建湖县宝塔镇境内,该塔系苏北地区目前唯一的原貌保存较好的千年古塔,历史文化底蕴相当丰厚,被列为盐城市重点保护文物(图2-8)。

　　明清以来,它的四周十分繁华,一直是盐阜地区乃至苏北的重点水运交通中心、宗教文化活动中心和商品集散中心。朦胧塔边有净慧寺(毁于"文革")遗址,东有三官殿,南有毗芦庵,西有关帝庙,北有朦胧院,常年香客不断。周边的"一河两水双流月""一里不到九座桥"等十大奇景更是唯此独有,引人入胜。每年农历三月二十八

图2-8　朦胧宝塔

庙会,盛况空前。紧邻宝塔的朦胧街店铺林立,商贾如云,至今古风犹存,每年到此观光的游客达数万人次。

　　朦胧宝塔与周边的自然景观相映成趣,又处于水陆交通的枢纽位置,加之其文化历史悠久,内涵丰厚,因而有较高的旅游开发价值。近年来,建湖县委、县政府先后投入巨资新建了"肉身堂""菩神殿""观音殿"和著名书法家曹志桂书法作品馆。现在朦胧宝塔又逐步成为集观光、休闲、文化活动为一体的旅游区。

> 你知道这座塔为什么被称为朦胧宝塔吗?

　　相传,唐太宗李世民率师东征时,兵驻盐城一带海滩上。在一个月色朦胧的夜晚,李世民单人匹马夜巡大营,不慎闯入了临近敌营的一片滩涂,被敌方巡营的主帅盖苏文发现,盖苏文立即策马挥刀追来,李世民急催战马,落荒而走。可是马不择路,陷于淤泥河中。他只得跳下马来,徒步逃命。当他见有一口枯井时,便跳入井中藏身。盖苏文追到枯井处,不见人影,看到那眼枯井的井口上结着一张完整的蜘蛛网,料定井里不会有人,便策马回营去了。

后来李世民做了皇帝,为感激蜘蛛结网的救命之恩,即派尉迟恭在这口井处建了一座塔。由于李世民是"真龙天子",又得蒙在井口的蜘蛛网保护,因此有了"朦胧"一词,所以此塔取名为"朦胧宝塔"(即"月下蒙龙"之意)。现在塔的东北方还有一条洗泥河,据传说就是唐太宗当年马陷淤泥河,脱险后洗马的地方。

✳ 资料链接

佛塔是怎么回事?

佛塔,亦称宝塔,是佛教的象征。遍布我国东南西北的上万座佛塔,是古代高层建筑的代表,其用料之精良、结构之巧妙、技艺之高超、类型之丰富,远远超出了历代文人墨客的笔端。

佛塔起源于印度。在公元 1 世纪佛教传入我国以前,我国没有塔,也没有"塔"字。当梵文的 Stupa 与巴利文的 Thupo 传入我国时,曾被音译为"塔婆""佛图""浮图""浮屠"等,由于古印度的 Stupa 是用于珍藏佛家的舍利子和供奉佛像、佛经的,亦被意译为"方坟""圆冢",直到隋唐时,翻译家才创造出了"塔"字,作为统一的译名,沿用至今。

我国的佛塔按建筑材料可分为木塔、砖石塔、金属塔、琉璃塔等,两汉南北朝时以木塔为主,唐宋时砖石塔得到了发展。按类型可分为楼阁式塔、密檐塔、喇嘛塔、金刚宝座塔和墓塔等。塔一般由地宫、基座、塔身、塔刹组成,塔的平面以方形、八角形为多,也有六角形、十二角形、圆形等形状。塔有实心、空心,单塔、双塔等。塔的层数一般为单数,如三、五、七、九、十一、十三层……所谓救人一命,胜造七级浮屠,七级浮屠指的就是七层塔。

我国佛塔众多,而咏塔的诗句更多。如"古塔云中影,佛寺夜半钟""赞宇弘开壮帝都,碧天空起玉浮图""谁建浮图礼大千,灵光遥与白云连""望尽人间多少事,身在大千几沧桑"等。这些形态多样的古佛塔和优美的咏塔诗构成了我国珍贵的古代文化艺术遗产。

思考

阅读了上面的资料,相信朦胧宝塔一定引起了你的好奇。去参观一下吧!用你手中那支神奇的笔去描摹和抒发对宝塔的情怀。

西阳村古刹

在建湖县建阳镇新阳村戛粮河西,有一个方圆约50余里的小岛,岛上有一座古色古香的寺院,名叫"泰山寺"。因位于新阳村之西,故现在俗称为西阳村古刹。泰山寺,亦称东岳庙,为道教崇祀东岳大帝之观院,后被僧徒所居,改为佛教丛林,称"泰山禅寺"。相传新阳村泰山寺与镇江金山寺为姊妹寺,均为江北居士马良修建。该寺与中国四大名山同宗,是临济宗派在江北创立的最大道场,曾多次受权放戒,声誉远播,故有"不是名山的名山"之称。

据《新阳村泰山寺年考》记载:该庙"唐时鸿基初奠,一世祖为永相公老和尚"。昔日该寺显赫一时,被誉称"苏北第一大寺"。明清时期得到了发展,曾有过一段显赫的历史。自明万历年间戛粮河、建港沟疏浚后,周围有五条河流呈扇状汇聚而来,成"五龙抱珠"风水宝地,八方香客纷至沓来,香火日盛。

抗战前成书的《续修盐城县志》曰:"县境寺庙香火之盛,以西阳村为最。"平时来此烧香拜佛的善男信女络绎不绝。每年农历三月初三至四月初八的香期内,每天要接待上河和下河州县香客数万人之多。相传扬属和淮属地区的子民寿终正寝时,都要到西阳村阎罗殿过堂,方可进入地府。由于这类神话影响,高(邮)、宝(应)、兴(化)、泰(州)地区的信佛群众,每年都赶来敬香礼佛,所以西阳村香火久盛不衰。此外,西阳村还有六个下院,分布大江南北,共有僧徒300余人。其规模之大,辐射之广,江北仅此一家,故被誉为"江北第一寺"。可惜的是抗日战争时期,它毁于战火,现陆续重建。

改革开放以后,在地方党委、政府和宗教部门的关怀下,泰山寺于20世纪90年代初被正式批准立点开放。原西阳村籍的旅外和尚,纷纷回归,参与重建,在旧址上陆续建成了观音大殿、诵经堂、地藏王殿和其他配套设施,佛像全部装金,面貌焕然一新。近几年,每年"三月三"香火节,来此敬香礼佛的群众达数万人之多。

知识卡片　"三教九流"的意思

"三教九流"一般都被理解为古代职业的名称,并认为这是泛指旧时下层社会闯荡江湖、从事各种行业的人。古代白话小说中的"三教九流",往往含有贬义。其实,"三教九流"的本意,是指三种宗教和九种学术流派。

"三教",据记载此说起于三国时代。吴国的孙权和上书令阚泽谈话中所提到的三教指儒教、道教、佛教。

"九流",指先秦的九个学术流派,见于《汉书·艺文志》。这九个学派是指儒家、道家、阴阳家、法家、名家、墨家、纵横家、杂家、农家。

1. 活动方案

（1）搜集建湖的神话故事和民间传说,明确搜集的内涵和意义。

（2）了解和掌握一些基本的搜集方法(筛选、查阅资料,参观游览,走访询问等)。

（3）建立研究小组,明确人员分工做好资料记录和整理。

将活动内容填入表2-2。

表2-2　搜集调查表

日期：

姓名		组别	
成员及分工			
你查阅了哪些资料？			
你走访询问了哪些人？			
你搜集了哪些神话故事和民间传说？			

2. 活动小结

（1）整理搜集的资料,自编小报、制作网页或编排节目。

（2）以小组为单位进行成果展览,各小组可在老师的指导下进行网络创作,写下自己的收获,然后师生互动,利用网络技术评改,完成网络再创作,最后建立"优美的建湖民间传说"博客。也可以通过绘画、讲故事、演短剧的形式进行展示。

第三章　民俗篇

　　亲爱的同学们，家乡的民俗风情是一脉相承的，都是为了祛灾去祸、祈盼平安、追求幸福。如果把水乡民俗比做一本大书，那么这本大书的主要章节便是时岁节庆、游艺娱乐、婚丧嫁娶、生日寿诞、民间禁忌等。每一章都有悠久的历史，每一节都流传着动人的故事。

　　　　你想知道什么是民俗吗？你知道民俗包含哪些方面吗？通过上面的介绍，你增长知识了吧！

　　那么，你知道家乡建湖有哪些民俗风情吗？让我们共同开启有趣的体验之旅吧！

第一节　时岁节庆

一年四季有许多传统节日和时令节气,比如春节、元宵、立夏、端午、中秋等。在这些日子里,建湖人民往往采用各种各样的方式,表达自己内心的喜悦和对生活的美好祝福,节日气氛欢乐祥和,一派喜气的景象。

✳ 春节

春节是中华民族最隆重的节日(图3-1),源于原始神农时代的"腊祭"。民间称春节为"过年",春节大致可分为三个阶段:从腊月二十三到除夕是准备阶段,置办年货,张灯祭祖先等,忙着为迎接春节做准备,俗称"腊月忙年";年三十夜称作"除夕",是第二阶段,贴福字、贴年画、贴春联,吃年夜饭,入夜燃放烟花;第三阶段从初一到正月十五,主要是走亲访友、游憩、娱乐,如扭秧歌、跑旱船、舞狮子等,形式多样,热闹非凡。正月初一凌晨,家家争先开门,燃放鞭炮烟花,吃汤圆或是年糕。出外拜年时,人人笑脸相迎,互致新春祝福。正月初二,新婚夫妻一起去父母家拜年。正月初五,又叫过小年,早晨也要吃汤圆。正月十五,元宵节一过,年也就结束了。

20世纪80年代以来,建湖春节习俗变化较大的是两样:一是20世纪90年代以前,一般家庭都会在除夕吃团圆饭,通常是在晚上,又叫年夜饭。20世纪90年代开始,电视逐步普及,看中央电视台春节联欢晚会渐成习俗,许多人家把团圆饭改在中午。儿子媳妇通常带着自己的子女团聚到父母居处吃年夜饭。2000年以后,城镇很多家庭喜欢安排到酒店聚餐,或是几个近亲家庭一起吃团圆饭。团圆饭主要有羹、肉圆、膘、藕粉圆等。一般餐桌上会上一道杂烩菜,由肉片、茨菰片、豆荚干、豆腐、百页等烧制而成,称之为"平安菜"。最后一道菜通常是红烧鲫鱼,此道菜可吃可不吃,取"年年有余"吉祥之意。二是20世纪90年代以前,元宵节常组织踩高跷、划湖船、赏灯、猜谜等游园踩街活动,后为了防止发生安全事故,很少组织此类大型活动(图3-2)。

图 3-1　贺新春

图 3-2　元宵花灯

 春联集锦

　　辞旧迎新,家家户户贴上春联。可以说,春联是我国独有的一种传统的文学形式。它句式工整、文字简洁、含义美好。细心观察的你,把你看到的最喜欢的春联,抄写在左边的框里,并用几句话作简要评析。积累了那么多,你是否跃跃欲试呢? 拿起你的笔尝试创作一两副春联,写在右边的框里。

端午

　　"五月五,是端阳。门插艾,香满堂。吃粽子,洒白糖。龙舟下水,喜洋洋。"

　　农历五月初五,是中国民间的传统节日——端午,它是中华民族古老的传统节日之一(图3-3)。

　　虽然祖国幅员辽阔、民族众多,但总体上说,各地人民过端午的习俗还是同多于异的。其内容主要有:女儿回娘家,挂钟馗像,迎鬼船、躲午,贴午叶符,悬挂菖蒲、艾草,游百病,佩香囊,备牲醴,赛龙舟,比武,击球,荡秋千,给小孩涂雄黄,饮用雄黄酒、菖蒲酒,吃五毒饼、咸蛋、粽子和时令鲜果,等等,除了有迷信色彩的活动渐已消失外,其余至今流传中国各地及邻近诸国。有些活动,如赛龙舟等,已得到新的发展,突破了时间、地域界线,成为国际性的体育赛事(图3-4)。

图 3-3　端午　　　　　　　　　　　　　　图 3-4　赛龙舟

在建湖,端午节的习俗主要有插艾叶、挂菖蒲、佩香囊、吃粽子,也有人家会在端午这一天给家里的孩子添置一套新衣。

 资料搜寻

端午的来源

关于端午节的由来,说法甚多,诸如:纪念屈原说、纪念伍子胥说、纪念曹娥说、古越民族图腾祭说等。以上各说,各本其源。建议同学们到校图书馆查阅资料,用几句话把这些说法概括在下面。

1. 纪念屈原说:＿＿＿＿＿＿＿＿＿＿＿＿＿＿＿＿＿＿＿＿＿

＿＿＿＿＿＿＿＿＿＿＿＿＿＿＿＿＿＿＿＿＿＿＿＿＿＿＿＿＿＿＿

2. 纪念伍子胥说:＿＿＿＿＿＿＿＿＿＿＿＿＿＿＿＿＿＿＿＿

＿＿＿＿＿＿＿＿＿＿＿＿＿＿＿＿＿＿＿＿＿＿＿＿＿＿＿＿＿＿＿

3. 纪念曹娥说:＿＿＿＿＿＿＿＿＿＿＿＿＿＿＿＿＿＿＿＿＿

＿＿＿＿＿＿＿＿＿＿＿＿＿＿＿＿＿＿＿＿＿＿＿＿＿＿＿＿＿＿＿

4. 古越民族图腾祭说:＿＿＿＿＿＿＿＿＿＿＿＿＿＿＿＿＿＿

＿＿＿＿＿＿＿＿＿＿＿＿＿＿＿＿＿＿＿＿＿＿＿＿＿＿＿＿＿＿＿

✳ 中秋节

农历八月十五为中秋节,俗称"八月半",亦叫"团圆节"。这是一年中仅次于春节的重要节日。节前各家都要作比较充分的准备,除了选购各种馅心的月饼外,还要购买鸡、鸭、公鹅等家禽及藕、梨、菱角等食品。中秋节这一天,人们早餐吃圆子或饼,中餐吃公鸡或公鸭,晚餐吃月饼、糯米饼或藕饼。旧时,晚上各家还要"敬月":由小儿取果物于盘,置方桌于室外,家人相聚拜月。现在,城乡"敬月"的习俗已不多见,民间其他习俗尚存。文化艺术界的名人雅士常借赏月之机,聚会、吟诗、写字、作画等。中秋节前,晚辈送礼品给亲戚长辈,称之为敬节。未婚女婿送月饼、鸭、鱼肉等礼物给准岳父母家,称之为追节。

 生活点滴

把你印象最深刻的一次中秋记忆用优美的文字记录下来:

_____

_____

_____

_____

🔍 思考

你知道中国的"四时八节"的内容吗?你会背诵"二十四节气"歌吗?

✳ 实践活动

1. 活动目的

生活处处皆语文。端午是中华民族古老的传统节日之一,本活动通过举办手抄小报制作、包粽子比赛、作文比赛三大系列活动,让广大学生感受祖国传统文化的魅力,提高他们动手实践能力,培养他们关注生活、在生活中学语文的良好习惯。

2. 活动方案

活动方案具体见表3-1。

表3-1　活动方案

阶段时间	学生活动	教师指导	活动方式
第一阶段 （1周）	1. 提出问题 2. 确定主题以及子课题 3. 成立小组，制定活动计划	1. 创设情景 2. 分组时调控 3. 指导设计活动计划表	全班同学交流与小组讨论
第二阶段 （2周）	1. 设计调查问卷（社区人士、学生） 2. 商场调查 3. 赛龙舟现场调查（双休日，家长带领） 4. 学包粽子 5. 搜集资料	1. 文明礼貌教育及安全教育 2. 指导设计问卷 3. 给家长一封信	采访、调查、上网、查阅书籍资料、实践操作
第三阶段 （1周）	1. 交流资料 2. 整理、完善资料，拟定成果展示方式 3. 阶段小结，调整思路	1. 指导督促各小组开展活动 2. 检查各项记录、资料	交流活动
第四阶段 （2周）	1. 成果展示 2. 评价与反思 3. 发出倡议（弘扬中华民族传统文化）	1. 给予评价的引导 2. 给予激励，树立自信	用手抄报、调查表、照片、文字资料、歌曲等形式展示

3. 活动过程

（1）学生搜集资料（包括有关端午节的文字资料、新旧照片及相关声像资料），了解端午节的有关知识和相关习俗。如端午节的别称、端午节挂香囊的讲究、关于端午节的古诗、屈原的故事、端午插艾草的由来、端午赛龙舟的由来……

我的搜集：

_____

_____

_____

_____

（2）超市的粽子品种繁多,同学们可去超市了解今年上市的粽子的品种,制订并完成粽子销售情况调查表,见表3-2。

表3-2　粽子销售情况调查

粽子名称	生产厂家	单价	特点	日销售量

（3）包粽子比赛

首先发动学生在家向学生家长学习包粽子的技巧(图3-5),并在家长的指导下进行练习,然后以小组为单位推荐选手参加。最后将所有参赛选手所包的粽子煮熟,全班同学共同分享劳动成果。

① 参赛选手必须身体健康,无传染性疾病。

图3-5　包粽子

② 比赛规则:各参赛选手必须以3片粽叶所包粽子大小为参考标准。在20分钟内,有效粽子(不散、不漏)数量多、质量好,经评委综合审定后,评出获胜同学。

4．**活动小结**

（1）手抄小报评比

整理搜集的资料,以"粽香校园迎端午"为主题,二人合作制作一份4k手抄小报,将每班所有手抄小报集中在黑板上展评。

（2）作文比赛

以实践活动为题材写一篇关于端午活动的所想、所思、所感的作文,字数约300字左右。

（3）活动评价

将活动内容填进表3-3。

表 3-3　活动评价表

姓名		课题名称		小组名称	
评价内容		我的表现(☆ ☆ ☆ ☆ ☆)			
我在活动中的表现					
我承担的任务 及完成情况					
我在活动中 做出了什么贡献					
我在活动中 有什么收获					
小组伙伴的评价					
家长的评价					
指导老师的评语					
我的收获与努力目标					

第二节　游艺娱乐

米塑

米塑又叫粉塑。米塑以糯米、粳米等为原料,磨成粉蒸熟,成粉团状后,和以各种色素,并以揉、捏、掐、刻等手法制成各种人物、花卉、水果、水族、虫鸟等形象。它的工艺比较细腻、精致,造型逼真、生动,是我县城乡百姓十分喜爱的民俗艺术品。米塑与民俗活动息息相关,大都用于喜庆节日和庆祝寿辰等,如酒宴上象征双喜吉祥的

图3-6　生动形象的米塑

"龙飞凤舞",象征幸福长寿的"寿星""财神"等。米塑题材广泛、构思新颖、色彩丰富、情韵生动,具有较大的民俗文化价值、艺术观赏价值和艺术收藏价值(图3-6)。

糖画

糖画这一颇具建湖地方特色的工艺距今已有400多年的历史了。糖画,顾名思义,就是以糖作画,因而艺人作画的工具和方式很是特别。"画笔"只是一个长柄的勺子,色彩则是那熬在锅中的饴糖。要作画了,艺人就舀起一勺热乎乎的"糖稀",勺向前斜伸,微倾,手臂就那么缓缓地移动着,手腕就那么轻轻地抖动着,黏稠的还冒着热气的"糖稀"遂如一条细细的线,悠悠地连到板上,很能让人想起"不绝如缕"这个成语来。要不了多大一会儿工夫,随着铜勺时疾时徐的抖动,或是大龙,或是小鸟,或是老鼠,或是小狗……就从板上"出世"了(图3-7)。少顷,板上的"糖稀"渐凉渐干,再粘上一支竹签,然后轻轻地撬起来,就是一幅甜蜜的

图3-7　老鼠形状的糖画

画了。阳光照耀处,金灿灿,明晃晃,擎在手上招摇过市,在小孩子家看来,当

然是格外风光。

糖画虽然只是街头艺术，但是无论是画本身，还是作画的过程都是饶有趣味的，因此直到今天，在充满现代气息的建湖县城里，我们仍然还可以欣赏到它。

✳ "九狮图"

"九狮图"发源地为建湖县近湖镇、建阳镇、高作镇一带。据《盐城市志》记载，"九狮图"系根据流传于民间的故事创作而成；另一种传说系人们为纪念境内的民族英雄陆秀夫创作而成。

从前每当逢年过节，都要举办灯会，每次出灯，都少不了玩龙舞狮。"九狮图"是喜庆活动中的一大特色。灯会上的狮舞极为精彩，该狮舞有演员10人，其中9名演员操作9头狮子作表演，1名演员执球。执球者引逼狮王，群狮则随狮王起舞。全套舞蹈共有7节，即狮王下山、群狮出谷、八狮群王、双狮对嬉、九狮戏球、群狮追逐和拱王归山。"九狮图"的服饰：从头到脚为连衣狮服，且9只狮子色彩各异，分黄（狮王）、橘黄、红、粉红、桃红、青、紫、绿、白9色。头部和尾部扎成9种不同的形状，并装有烛环，供晚间演出。舞狮者双手舞动，弯腰行步，做出扑、逗、抖、滚、翻等动作，随着锣、鼓等打击乐器的伴奏和节拍不断变换阵形。演出时，以狮王为主，由执球者逗狮起舞，其场面雄奇壮美，气氛欢快热烈。现在，"九狮图"已被人们改编成形式多样的狮舞，遍及五湖四海（图3-8）。建阳镇区有个九狮巷（古地名，今未改），以善舞"九狮图"而名闻苏北。20世纪80年代，江苏省民间舞蹈调演时，建阳镇代表队所表演的"九狮图"荣获苏北地区一等奖，被中央电视台录像，并被收入《中国民族舞蹈集成》一书。

图3-8 "九狮图"表演

"九狮图"和狮子舞

"九狮图"和狮子舞有四点差别。具体表现为：

（1）"九狮图"的狮子是用竹篾做骨子，用彩纸糊扎起，小巧玲珑，憨态可掬，头部有一对乌黑发亮的眼睛，鼓凸在眼睑里面的瞳孔黑白分明。扁而肥大的鼻子下面，是可以活动着的满含笑态的大嘴。短短的颈脖下面挂着一串铜铃，绑着一根木棍，作为要舞人握着的前手柄。狮子的腰部是用竹篾扎成的五只圆圈，糊上一层彩色带须的纸，再用五根结实耐拉的绳子联结着后臀部。带着弹簧的长须圆尾挂在肥胖滚圆的后臀上，上面也绑着一根作为手柄的木棍。狮子的腰部直径只能是1市尺左右。而普通狮子舞的狮子是一件狮子装，由两个演员披着扮一只狮子。

（2）通常舞狮子的领舞人手中要的是彩球，而"九狮图"要的是火球，叫做"火流星"。它的表演技巧取自杂技艺术的"水流星"。火球是用粗铁丝作骨子，细铁丝编成网状包在骨子外面，直径8寸左右，一根丈余长的细铁链连着两个流星。晚间表演时，球内装满易燃的木炭，加之舞动起来快速的空气压力，起到了助燃作用，因此，越舞火势越旺，火球要到剧烈时，火星飞迸，满场火花，非常精彩壮观。

（3）配合"九狮图"演出的是全套锣鼓，分"京""苏"两班。都是建湖县东坎街上敲打锣鼓的尖子，如面饼公会的彭金才、南货茶食业的赵振同等。其特殊的节奏，结合表演中的急、缓、轻、重、定格、亮相等，均为狮子舞所不能比拟的。演出中锣鼓声涨、落、激、缓，使观众情绪此起彼伏。即便是在行进路上，铿锵有节，高低和谐的锣鼓演奏，也是沿途和跟随的观众最为乐意欣赏的音乐。

（4）直观感觉也是颇有区别的。"九狮图"和舞狮子最大不同之处是前者演员亮在观众面前，后者是披在狮子装里面，观众只见狮子不见人，因此，狮子舞演员的表演技巧是观众不能直接领受的。"九狮图"的演员的一招一式，一步一行的姿势和立、蹲、快慢步，定格亮相的功架，各种高难度技巧表演，都是观众可以直接观赏的。

思考

随着时间的推移、文化因素的多元化，"九狮图"正在慢慢淡出人们的记忆，为了保护这一传统娱乐活动，请你想一想有什么好的建议？

我的建议：

_____

_____

_____

✳ 资料链接

玩 麒 麟

　　麒麟是吉祥如意的象征。以前春节期间，建湖境内有一些民间艺人以"唱麒麟"的形式，走乡串户，娱悦看客，以作为一种卖艺形式，任凭看客赏赐。这种文艺形式很早在民间就有流传。唱麒麟时，一般5人配合进行，其中一人肩扛一条板凳，板凳上绑着用竹篾和五色纸扎成的麒麟，其余4人边敲锣边唱。每段4句，每句7个字或10个字，都押韵。唱时，一个先独唱，然后齐敲一下锣鼓，合唱最后一句。唱的内容不定，有临时自编的，也有传统固定的。它可以是新年贺词，也可唱生产农事；它可以咏叹古人，也可以唱故事，祝福主人吉祥如意。其曲调比较动听，舞姿较自由，任其发挥，有的也很精彩。新中国成立后，时事、新话不断充实着唱麒麟的内容。20世纪90年代以后，春节期间常有人借此形式上门拜年，讨得喜钱。

 思考

　　你听过唱麒麟吗？把你听到的内容记下来。如果没有听过，可向长辈咨询或上网查阅资料。

✳ 实践活动　　感受民俗传统文化——剪纸

1. 活动准备

（1）剪刻镂空成纹是一种古老的民间美术形式之一，搜集了解剪纸的相关资料，如剪纸的历史、特点、题材、分类等。

（2）采访民间知名的剪纸艺术家，了解他们与剪纸艺术的渊源。

（3）组织全班学生，分小组讨论，制订学剪纸的实践活动方案。

活动目的：_____

_____

_____

活动时间：_____

活动准备（包括材料、工具、人员等）：_____

_____

_____

活动流程：_____

_____

_____

2. 活动过程

（1）全班分组搜集资料，组织一次剪纸作品展览，之后，各小组同学互相交流。

  我与_____同学的交流：

  _____

  _____

  _____

  _____

（2）聘请会剪纸的老人给同学们上剪纸课，学习剪纸的基本制作方法，并做好现场记录。

  现场记录：

  _____

  _____

  _____

  _____

（3）学生以小组为单位动手试剪,在剪的过程中互相研究,共同寻找规律。

3. 活动小结

（1）整理搜集的资料与现场记录,在老师的指导下撰写研究报告。

（2）向全班同学展示自己的优秀作品,并简单说说自己的设计思路。

> 我的设计思路:
>
> _____
>
> _____
>
> _____
>
> _____

（3）以小组为单位,举办"感受民俗传统文化——剪纸"交流会,交流这次活动的收获,可以用口头汇报形式,也可以用图像文字汇报形式。可邀请老师、外班同学和家人参加。

我们采取这样的汇报形式:

_____

_____

_____

_____

在这次活动的汇报会中,我感受到了 _____

_____

_____

_____

第三节　生育嫁娶

民俗礼仪是民俗文化中不可或缺的组成部分。我国历史悠久、幅员辽阔，各地均有各自不同的民俗文化，《汉书·王吉传》早就有"百里不同风，千里不同俗"的记载，可见民俗文化的博大精深，而民俗礼仪更是各有千秋。建湖人民在较重要的人生事件上，如生育、婚嫁、丧葬等方面往往要举行仪式，互相往来。这些礼仪习俗中，人们在追求隆重的同时，更注意适度，把握分寸。

生育习俗

孩子出生后，男主人到岳父家报喜，并向左邻右舍、亲戚朋友送喜食。以前的习俗，若生男孩子送红蛋，端"毛米（糯米）粥①"，曾祖母给重孙做"红毛衫"；若生女孩则送糖。现在，生男生女都一样。孩子生下第二天为"三朝"，又叫"改案"，一般人家都习惯在"三朝"邀请亲友赴宴，叫"三朝饭"。在孩子出生的第一个月内，亲戚朋友用鸡、鱼、肚肺、馓子、烧饼等物赠送，谓之"月子礼"。孩子生下一个月为满月，姑母买鞋，舅父买帽，姨娘买衣袜；亲友亦有赠手脚镯、项圈、长命锁的。到了一百天称为"百天"，亲友馈送贺礼。20世纪70年代开始实行计划生育，提倡一对夫妇只生一个孩子，政府发给"独生子女证"，各方面受到优待。

整理探究

儿童长大成人，生日习俗随着年龄的不同而有所改变，你能把"贺60""祝古稀""庆80"的生日习俗习惯整理一下吗？试一试吧！

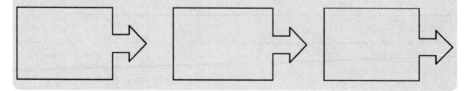

---

① 毛米（糯米）粥：是用糯米熬成的稀饭，装上一大碗，再在稀饭上面放上一大汤匙的红糖。

✳ 抓周

　　小孩出生满一周岁,一般家庭都要在此时为孩子做周岁生日,并举行一个仪式,俗称"抓周",旧时也称"试儿""试晬"。这天,在小孩面前陈列文具、玩具等各色小物品,任其抓取,以占卜孩子的未来,预测孩子的性情、志趣和前途(图3-9)。此俗北齐时已形成,北齐颜之推撰写的《颜氏家训·风操》中就有试儿的记载:"江南风俗,儿生一期(即一周岁),为制新衣,沐浴装饰,男则用弓矢之笔,女则刀尺针缕,并加饮食之物及珍宝服玩,置之几前,观其发意所取,以验贪廉愚智,名之为试儿。"南宋孟元老《东京梦华录》卷五《育子》篇亦载:"生子百日,置会,谓之百晬。至来岁生日,谓之周晬,罗列盘盏于地,盛果木、饮食、官诰、笔砚、算秤及经卷、针线应用之物,观其所先拈者,以为征兆,谓之'试晬',此小儿之盛礼也。"明清时一直沿袭此俗,明代称"期周",清代叫"抓周"或"试周"。乡间"抓周"的办法是,把一些东西放在竹筛里,然后让孩子自由拿取。如拿到书,代表文人学士;拿到印章,代表做官掌权;拿到钱币,代表富裕;拿到葱,代表长大聪明过人……不一而足。"抓周"一俗寄托了大人对孩子的美好愿望。

图3-9　抓周

　　你当年抓过周吗? 向你的父母长辈询问当时的具体过程,用生动的文笔把过程写下来吧!

_____

_____

_____

_____

_____

✳ 男婚女嫁

旧时男婚女嫁(图 3-10),听父母之命,媒妁之言①。城市中虽已提倡文明结婚(图 3-11),但仅限于知识界人士和官商之家,广大城乡男女结合,仍沿旧俗,主要有如下程序:

订亲。旧时由男方请媒人到女方家提亲,如果女方父母同意,则"发口谕"报女儿"八字"生日时辰。男方延请星命术士推算,若以为"命不相克",才将男方"八字"生日时辰报给女方,由女方"合婚"。女方同意后,再举行"下礼"(行聘)仪式。"下礼"时,男方需向女方送去数量不等的礼品,如鱼、肉、糕、馍、粽、团、圆等,还有衣料、礼金,表示订亲。新中国成立后,特别是贯彻新《婚姻法》后,男女自由恋爱得到普遍提倡。通常是经介绍人穿针引线进行"相亲"。征得家长同意后,男女双方作为"朋友"彼此接触。有了一定的爱情基础,共同拍摄订婚照,互赠礼物,留作纪念,即算订亲,也有通过学习和工作相识而自由恋爱,再订婚的。

送日子。旧时嫁娶准备,先由媒人将由男方选定的"黄道吉日"通知女方,称为"送日子"。以后由男方整理房务,女方则准备陪嫁。今多半为男女双方共同置办家具和家用电器等物。

图 3-10 旧式男婚女嫁

图 3-11 新式男婚女嫁

正日。也称"男日",即催妆日的第二天。如果男女方相距较远,男家安排的新船或轿要及早动身,礼俗规定正日务必返回。如男女方相距近则不宜早走,即使很早到达女方家,一般也要等到黄昏前后进门,旧有"建湖人家嫁姑娘——抹黑进门"之说。女方离开娘家前,由福奶奶给新娘插花、盖头布,名曰"上头"。惜别娘家的仪式开始后,用轿子抬的,必须由父兄或弟弟"抱

---

① 媒妁之言:媒人的介绍。媒妁:说合婚姻的人。

腰",送上轿子;用船接的,姑娘从母亲房中出来,一定要跋父亲或哥哥的鞋子,到登船时才能脱下。

三朝。婚后第三日称为"三朝"。旧时新娘要亲自到厨房做菜,先煎豆腐后煮鱼,表示"宝贵有鱼"。新娘偕新郎回家省亲,称"三朝回门"。新中国成立后,"回门"习俗渐随意化,七朝、十三朝或满月回门者均有,还有当天回门的。

 阅读小屋

外国的有趣婚俗

法国婚礼:浪漫、简单

结婚前先订婚,仪式简单,一般由女方的家长宴请男方的家长及兄弟姐妹,也可同时邀请其他亲戚、甚至一两名好友出席。婚礼也已逐渐简化,但仍不失为最隆重的家庭节日,带有庄严神圣的色彩。婚礼由市长或他的一名副手主持,习惯上是在周二、四、五、六早9时至下午5时之间。婚后大宴宾客。

丹麦婚礼:秘密进行

让我们感到奇怪的是,筹办婚礼需要好几天,可却是秘密进行的,因为公开筹办会触怒鬼怪或引起它们的嫉妒。在婚庆快要结束的时候,人们把一大坛啤酒抬到园子里。新郎新娘的手握在酒坛上方,然后酒坛被打得粉碎。在场的适婚女子会把碎片捡起来,捡到最大的碎片的女子注定会第一个结婚,而捡到最小的注定会终生不嫁。

德国婚礼:砸碗盆,图吉利

应邀前来参加婚礼的客人们,每人都带着几样破碗、破碟、破盘、破瓶之类的物品。然后玩命地猛砸猛摔一通,他们认为这样可以帮助新婚夫妇除去昔日的烦恼、迎来甜蜜的开端,在漫长的生活道路上,夫妻俩能够始终保持火热的爱情,终身形影相伴、白头偕老。

日本婚礼:传统的道教

在传统的日本道教仪式上,人们供奉 kami——存在于自然界的神灵。在举行婚礼时,神职人员祈求神灵保佑新婚夫妻。仪式的最后一项是"共饮青酒",即参加婚礼的人共同分享盛在三只扁平杯子中的米酒。这三只杯子从下往上依次摆放,新郎拿起第一个杯子,呷三口酒,然后传给新娘,新娘也连续呷饮三口酒,再将酒杯依次传给其他亲友。然后再开始喝第二杯和第三杯酒。

 思考

你还知道哪些婚俗呢?跟你的同学交流一下吧。

1. 活动准备

（1）成立活动小组,明确本次活动的意义、方式、初步调查的对象及内容安排。

活动意义：＿＿＿＿＿＿＿＿＿＿＿＿＿＿＿＿＿＿＿＿＿＿＿

＿＿＿＿＿＿＿＿＿＿＿＿＿＿＿＿＿＿＿＿＿＿＿＿＿＿＿＿＿

＿＿＿＿＿＿＿＿＿＿＿＿＿＿＿＿＿＿＿＿＿＿＿＿＿＿＿＿＿

活动方式：＿＿＿＿＿＿＿＿＿＿＿＿＿＿＿＿＿＿＿＿＿＿＿＿

＿＿＿＿＿＿＿＿＿＿＿＿＿＿＿＿＿＿＿＿＿＿＿＿＿＿＿＿＿

＿＿＿＿＿＿＿＿＿＿＿＿＿＿＿＿＿＿＿＿＿＿＿＿＿＿＿＿＿

活动初步调查对象：＿＿＿＿＿＿＿＿＿＿＿＿＿＿＿＿＿＿＿＿

＿＿＿＿＿＿＿＿＿＿＿＿＿＿＿＿＿＿＿＿＿＿＿＿＿＿＿＿＿

＿＿＿＿＿＿＿＿＿＿＿＿＿＿＿＿＿＿＿＿＿＿＿＿＿＿＿＿＿

活动内容安排：＿＿＿＿＿＿＿＿＿＿＿＿＿＿＿＿＿＿＿＿＿＿

＿＿＿＿＿＿＿＿＿＿＿＿＿＿＿＿＿＿＿＿＿＿＿＿＿＿＿＿＿

＿＿＿＿＿＿＿＿＿＿＿＿＿＿＿＿＿＿＿＿＿＿＿＿＿＿＿＿＿

（2）讨论调查、走访等的方法,比如:问什么问题? 问哪些人? 在哪里可以找到这些人? 什么时候走访效果最好? 查阅资料时,如何查找、选择自己需要的资料,并把信息记录下来? 在询问别人时,怎样做到有礼貌? 各小组将每次调查的内容和结果填入表3-4。

表3-4　小组调查报告记录

调查时间	调查方法	调查内容	调查结果
	问家长		
	查资料		
	问亲戚		
	访邻居		

（3）在了解家乡的风俗习惯的来历、做法及意义后，再拓展延伸了解与某个习惯有关的诗词或故事；了解某个习俗有哪些禁忌，有无科学道理；宣传科学对待民俗的做法，激励更多人弘扬民间文化。

与风俗习惯有关的诗词和故事：_____

_____

_____

风俗禁忌：_____

_____

_____

宣传语：_____

_____

_____

2. 活动过程

（1）全班学生分组搜集信息，了解家乡的各种民俗习惯，讨论并初步制订小组分工实施任务。

采访组：_____

_____

网络组：_____

_____

考察组：_____

_____

查阅组：_____

_____

（2）建立研究小组，通过民主选出本组小组长，赴实地进行调查访问，问家长或亲戚、访乡民、查乡志、采访领导等，并做好现场记录。考察期间，各小组同学互相交流，如资料的来源、可靠性等，将调查内容填入表3-5。

表 3-5　调查记录情况

	村名	组长与组员	资料归类、整理	资料整合、成文
1				
2				
3				
4				
5				
6				
7				

（3）对搜集到的图片、文字资料进行汇总，并加以分类、整理，摘抄重要内容。

> 各显神通：
>
> 　
>
> 　
>
> 　
>
> 　

3. 活动小结

（1）整理搜集的资料与考察记录，在老师的指导下撰写研究报告。

（2）以小组为单位，举办"寻找民俗风"专题汇报会，对活动中的收获进行成果展示，可以通过制作展示牌，展示资料图片，在校园内展览。可以用口头汇报形式，也可以用制作"亲近家乡民俗"网页的形式，最好能邀请老师、外班同学和家人参加。

> 我们采取这样的汇报形式：_____
>
> 　
>
>

（3）交流反馈:评价自己的成果、本小组的成果,总结出值得借鉴的方式方法,提出改进意见,并将内容填入表3-6。

表3-6　项目评价情况

评价项目	你的话
对这次主题活动是否一直感兴趣?	
从与小组成员之间的合作中得到哪些启示?	
在活动中遇到哪些困难? 如何克服的?	
对这次活动所取得的成果满意吗?	
通过这次活动,最大的收获是什么?	
对这次活动想提什么建议吗?	

第四章　特产篇

地处苏北里下河腹部的建湖人民，在这片气候温润、土壤肥沃的大地上播种着属于自己的成果。藕粉圆、溏心皮蛋、建湖大米、建湖花炮、上冈草炉饼、建湖米饼等，每一个闻名遐迩的特产背后，无不孕育着建湖人的聪明才智，无不蕴含着深厚的历史文化积淀。

你知道家乡建湖的特产吗？你知道这些特产背后的故事吗？你愿意学习如何制作这些美味而又富有特点的食品吗？

来，让我们一起走近这些特产吧！

第一节　水乡美食远名扬

🌸 建湖藕粉圆

藕粉圆是建湖县传统名小吃,相传已有200多年的历史了。清中叶,有位湖垛(今建湖县城所在地)出身的御厨师,精心制作了一种带有民间独特风味的宫廷点心——藕粉圆子,皇帝吃后大为赞赏。数年后,这位厨师告老还乡,便将制作藕粉圆子的方法带回家乡湖垛一带,这道宫廷点心便在湖垛传开,一直流传到今日。建湖藕粉圆圆滑透明,富有弹性,柔软细嫩,呈咖啡色。馅心用藕粉和含甘果肉五仁(桃、杏、枣、瓜子等)为原料,清甜爽口,沁人肺腑,细嚼余香不绝,避肥腻之讳,又避清淡之嫌,营养丰富,有健胃益血之功能,途经建湖的异乡客人,赴宴时总盼有缘品尝,以饱口福。新中国成立初,巴金率老根据地访问团前来建湖县城时,品尝其味,交口称赞。在1958年江苏省名菜评比中,建湖藕粉圆子声名大噪,享誉全省。近年,全国政协副主席、经济学家费孝通品尝此菜后,称之为独有的"珍品",并撰文在报刊上评价它的独特风味。

传统的汤圆都以糯米粉做原料,而藕粉圆的制作可谓独具匠心,除以藕粉做外皮外,其馅心也很精美,是将腌渍过的糖板油丁加桂花、杏仁、核桃仁、松子仁、金桔饼等做成馅心,将馅心放藕粉中滚过,投入沸水滚片刻,捞起再滚,如此五六次而成。藕粉圆既可作为时令小吃,亦可作为筵席佳肴,其独特之处是外层均匀圆滑,富有弹性,色泽透明而呈深咖啡色,馅心甜润爽口,汤汁带有浓郁的桂花味,品尝时清香可口(图4-1)。

图4-1　藕粉圆

藕

藕,又称莲藕,属睡莲科植物,莲藕的根茎肥大,有节,中间有一些管状小孔,折断后有丝相连。可以吃,也可作中药。

藕微甜而脆,可生食也可做菜,而且药用价值相当高,它的根叶、花须、果实,无不为宝,都可滋补入药。用藕制成粉,能消食止泻,开胃清热,滋补养性,预防内出血,是妇孺童姬、体弱多病者上好的流质食品和滋补佳珍。

藕原产于印度,后来引入中国,迄今已有3000余年的栽培历史。在南北朝时期,藕的种植就已相当普遍。藕在中国南方诸省均有栽培,藕的品种有两种,即七孔藕与九孔藕。江苏省、浙江省一带较多栽培七孔藕,该品种质地优良,根茎粗壮,肉质细嫩,鲜脆甘甜,洁白无瑕,人们均爱食用。

藕粉

藕粉是久负盛誉的传统滋养佳品,营养价值高,药疗作用也好,而且制成方便食品后食用简易,用开水一冲就可食用,且味道鲜美,老少皆宜。藕粉是一种不带麸质的粉末,用干燥的莲藕磨成,在中国菜及日本料理中作为稠化剂使用。

✳ 读书时间

莲藕自古以来就是文人墨客的最爱。在七年级下册的专题中,我们也领略了许多有关荷花的诗文精华。你能再搜集一些有关莲藕、荷花的诗文吗?

读书卡

篇名:＿＿＿＿＿＿＿　作者:＿＿＿＿＿＿＿＿＿＿

优美语句摘录:＿＿＿＿＿＿＿＿＿＿＿＿＿

＿＿＿＿＿＿＿＿＿＿＿＿＿＿＿＿＿＿＿＿＿＿

＿＿＿＿＿＿＿＿＿＿＿＿＿＿＿＿＿＿＿＿＿＿

＿＿＿＿＿＿＿＿＿＿＿＿＿＿＿＿＿＿＿＿＿＿

我的阅读感悟：

_____

_____

✳ 实践活动　制作藕粉圆

　　藕粉圆的制作方法：一是备料，用纯藕粉、猪板油、杏仁酥、蜜枣、金橘饼、绵白糖及核桃仁、杏仁、松子仁等做原料；二是搓馅，将猪板油用绵白糖腌制一周后取出，加入杏仁酥、豆油及各种配料拌匀，搓成汤圆状，作馅心；三是烫制，将圆状馅心放入装有藕粉的小竹匾内，使其滚转，待馅心全部沾有一层藕粉后，用漏勺投入沸水锅内稍烫取出后，再倒入竹匾中沾粉，然后再烫制，如此反复五次即成，再放入冷水盆中保存；四是做汤，取桂花少许，放入清水锅中，加适量白糖制汤，食用时将圆子取出放入汤锅中煮沸，即可食用。

✳ 专题活动　藕

　　藕清纯自然且营养独特，其花朵宁静雅致、惹人怜爱。古往今来，诗词文章、绘画、摄影等，描绘荷花的妙品佳作屡见不鲜。然而，对一直默默无闻的藕，却鲜有赞美之词。

一、活动目的

1. 培养审美情趣，提高欣赏自然美的能力。
2. 锻炼想象力。
3. 学习有关"藕"的文学作品，提高文学鉴赏能力。
4. 搜集并整理资料，以讨论、写作、绘画等形式，丰富学生对"藕"的内涵的理解。

二、活动过程

1. 赏藕

（1）欣赏荷塘、荷叶、荷花、莲蓬和莲藕组成的"彩莲图"。

（2）在秋季，可到藕塘边观察藕的外形，了解农村踩藕的过程与乐趣。

2. 咏藕

（1）欣赏语文教学软件里关于藕的音诗画朗诵。

（2）师生搜集关于藕的文章、诗词，选择喜爱的熟记。

咏 藕

陶 弼

万顷金沙里,谁将玉节栽。

丝应鲛乞与,津是蚌分来。

盘贮冰犹结,刀侵雪易摧。

防风骨外折,混沌窍中开。

月寺僧家钵,风亭酒客杯。

胸中秋气入,牙角雨声回。

自愧尘泥贱,得蒙尊俎陪。

与君消酷暑,瓜李莫相猜。

秋日吴中观贡藕

赵 嘏

野艇几西东,清泠映碧空。

褰衣来水上,捧玉出泥中。

叶乱田田绿,莲余片片红。

激波才入选,就日已生风。

御洁玲珑膳,人怀拔擢功。

梯山谩多品,不与世流同。

（3）举行以"藕"为主题的诵诗会,有条件的可进行配乐、配画朗诵,可单人朗诵、二人朗诵或多人合诵等,形式不拘。

（4）借鉴唐诗、宋词方面的鉴赏词典,对所朗诵的诗词进行评析。

3．读藕、议藕

（1）阅读《爱藕说》,探究一些问题。参考题目:

①藕的介绍　②藕的新价值　③藕的品格　④藕与人生

（2）通过图书馆、网络查找,了解藕文化的起源、发展;欣赏有关名人对藕的题词、名言。参考题目:

①藕文化的起源与发展　②藕与我们的生活　③名人与藕

4．写藕、画藕

（1）根据有关材料以及自己的观察,尝试画一幅有关藕的图画。

（2）根据自己的观察、联想和思考,写一篇以藕喻理或咏藕抒情的文章。

（3）根据所搜集的资料,写一篇介绍藕的文章。

（4）出一期以"藕"为刊名的手抄报或电脑小报,自己进行设计、编辑。

（5）搜集关于藕的美术作品，或自己描画荷花、莲藕或荷塘，还可以自配诗文。

我与＿＿＿＿＿＿＿同学的交流：

＿＿＿＿＿＿＿＿＿＿＿＿＿＿＿＿＿＿＿＿＿＿＿＿＿＿＿＿＿＿＿＿

＿＿＿＿＿＿＿＿＿＿＿＿＿＿＿＿＿＿＿＿＿＿＿＿＿＿＿＿＿＿＿＿

＿＿＿＿＿＿＿＿＿＿＿＿＿＿＿＿＿＿＿＿＿＿＿＿＿＿＿＿＿＿＿＿

＿＿＿＿＿＿＿＿＿＿＿＿＿＿＿＿＿＿＿＿＿＿＿＿＿＿＿＿＿＿＿＿

 活动小结

1. 整理搜集的资料与考察记录，在老师的指导下撰写研究报告。

2. 以小组为单位，举办"藕与人生"专题汇报会，汇报在"藕"专题活动中的收获，可以用口头汇报形式，也可以用图像文字汇报形式。最好能邀请老师、外班同学和家人参加。

3. 就这次专题汇报会的感受，写一篇小通讯，在校内外有关媒体上报道。

在这次活动的汇报会中，我感受到了：＿＿＿＿＿＿＿＿＿＿＿＿＿＿＿＿

＿＿＿＿＿＿＿＿＿＿＿＿＿＿＿＿＿＿＿＿＿＿＿＿＿＿＿＿＿＿＿＿

＿＿＿＿＿＿＿＿＿＿＿＿＿＿＿＿＿＿＿＿＿＿＿＿＿＿＿＿＿＿＿＿

＊ 上冈草炉饼

"金顶铜底玉镶边，绵甜爽口草炉饼"，草炉饼顾名思义是用草炉烘制而成。相传它的历史可以追溯到公元5年，也就是汉朝王莽篡位以前。上冈镇是近代草炉饼的发祥地，位于角头路上的新街饼店，店面是一间老房子，正是这间老房子告诉人们该店历史的久远：它是上冈乃至苏北地区仅存的一家50年以上的老字号草炉饼店，其前身是1958年公私合营时创办的集体单位。相对于新街饼店而言，位于人民路上的徐记草炉饼店的店面要光鲜得多，店牌上还打上了"苏北特产"的字样。而徐记饼店现在的掌门人徐士芹老人原先也是新街饼店的员工，后来从那里走出来单干，打出了徐记品牌。

草炉饼工艺讲究的是"酵正、火正、碱正"，这样烘制出来的草炉饼才能具有"金顶、铜底、玉镶边"的效果。因其口味纯正、食用方便而深受群众的喜爱,随着上冈人游走四方,草炉饼也逐步被外地人所接受。目前,除了本市许多县(市)的宾馆、饭店经常来订购外,上海、南京、苏州、青岛等地的许多老上冈人还经常托熟人捎带。

"上冈烧饼最当行,新出缸炉透鼻香。稍蘸麻油味尤香,品尝况复有芳姜。"每天早晨,草炉饼店前总会排着长长的队伍,等待买饼的人不时紧张地踮起脚尖,仰头向内张望,心里计算着究竟什么时候才能轮到自己。一炉饼出来,没几分钟就销售一空,后面的人就发出失望的嘘声。这种场景在市场经济渐渐成熟的今天并不多见,在这个小镇却几十年如一日,不能不说是一个奇迹。张爱玲曾在一篇散文中写过,当年她在上海居住时,常听到有些小贩,穿巷过街,叫卖"草炉饼——!"其声悠悠,引人食欲……

草炉饼的制作

草炉饼的面粉用料一般都选择精粉,用传统的酵头进行发酵,草炉饼的发酵是不用现代发酵剂的。面粉发酵时兑水也非常讲究:一般是七成热水,三成冷水。水温低了饼会发硬,不往炉壁上粘,做出来的饼口感不绵。水温高了,做出来的饼就会有腻味。

制作草炉饼是一项非常忙碌、辛苦的工作。每次制作,先要用草将炉膛烧红,烈火熊熊,炎热逼人。眼看炉膛温度已高,便用火叉拔灰,压住火苗。这时,贴饼师傅便加快节奏,迅速地抓起饼坯,两只手左右开弓,从炉膛的左右两侧一直贴到顶端。转眼之间,炉膛贴满饼坯。然后再用火叉拔开草灰,顿时火焰腾起,温度陡升。不消片刻,饼坯渐渐鼓起,饼面开始焦黄,芝麻香味扑鼻而来。于是再用火叉拔灰,压住火头。师傅一手持铲,一手执网,将满炉烧饼铲进网内。

上冈草炉饼一直是不用馅料的,过去是圆形的,现在已改为椭圆形,所以不少人常常把草炉饼误以为黄烧饼。人们对草炉饼的吃法也有讲究,一般都是买上几个草炉饼,切上几块酱生姜,沏上一杯茶,这就是所谓的"粗烧饼细吃"。现在的吃法更是五花八门,有老鸭汤泡草炉饼,有鸡汤泡草炉饼……

虽然随着草灶被煤炭炉、液化气灶、电磁炉等各种炉具取代,又随着市场上面包、蛋糕、比萨饼等西方食品的涌入,草炉饼正逐渐淡出市场,近乎绝迹,但草炉饼的坚守者仍以执著的精神传承着草炉饼亘古不变的手工制作方式。

草炉饼的文化

小小的草炉饼,承载了地方饮食文化的历史,浓缩着地方饮食文化的底蕴,连接的却是乡里乡亲和海内外游子浓厚的乡情。草炉饼固然好吃,但现在的从业人员总要年老退休,将来谁能延续草炉里那通红的炉火? 草炉饼真的要成为绝唱吗？所幸的是，上冈镇已邀请有关部门将草炉饼作为苏北特产予以推介，介绍上冈草炉饼的电视外宣片也被境外媒体播放。作为一个重要的特色饮食文化项目，上冈草炉饼这个苏北特产还引起了江苏省特色文化和民间艺术资源普查领导小组的关注。我们有理由相信，随着人们生活质量的提高和饮食习惯的回归自然，在相关部门的关注和全社会的共同努力下，草炉饼肯定还会历久弥香。

✳ 阅读小屋

我爱家乡的草炉饼

建湖县上冈镇中心小学四(7)班　韩　悦

我爱我的家乡，不仅因为她地理位置优越，美丽富饶，享有"江苏百家名镇"的美誉，更重要的是这里名吃众多，尤其是我情有独钟的草炉饼。

家乡的草炉饼历史悠久，据说可以追溯到西汉。草炉饼，是用芦苇做柴火，用特制的沙缸作炉，饼贴在炉里烘制而成的一种美食。

草炉饼做工讲究。第一步是称面、发酵、和水，面、酵、水必须严格按照一定的比例进行。与此同时，烧旺炉火，将炉膛烧热。第二步，把面团揉制成细长的条，抹上油，撒上芝麻，再切成一定大小的饼。同时，用扫帚将烧热的炉膛内的浮灰扫去。第三步，也是最关键的一步，就是烘制。只见师傅将切好的面饼快速而准确地贴上炉膛，犹如火中取栗一般。然后用长长的火钳夹住还没有完全烧尽的草，在炉膛里挨着烘制。大约过了五六分钟，面饼逐渐鼓了起来，颜色也变成了金黄色，饼便熟了，师傅会拿起铲子和网兜将饼逐个铲下。这样就大功告成了。

刚出炉的草炉饼，"金顶、铜底、玉镶边"。每天清晨，草炉饼店前，买饼的人早就排成了一条长龙。

家乡的草炉饼吃法很多。可以直接包着油条吃，也可以买回家煮着吃，现在大家发明了一个新的吃法，将草炉饼切成薄片，然后在油锅里稍微炸一下，等到吃鸡汤或者鸭汤时，将这些炸好的草炉饼片放到汤里，更有不一样的风味！

我爱家乡的草炉饼，物美价廉。真希望家乡的草炉饼能尽快走向全国，为更多的人带去美味的享受。

将你的阅读体会填入表4-1。

表 4-1　读书卡

主要内容	
精彩语句摘录	
赏　析	

🔍 思考

上冈草炉饼是建湖民间气息最为浓郁的特产之一,你能为它走向都市、走进超市设计一句富有特色的广告词吗?

第二节　烟花绚烂

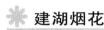

建湖烟花

建湖烟花的历史

建湖烟花起源于明末清初,当时有位叫李逸仙的手工艺人,在湖垛镇南乡李家庄一带开创鞭炮业,被奉为建湖烟花的祖师。李逸仙善于制作鞭炮、焰火。其原料是以九龙口种植的泡桐树作为大炭粉,以境内的淀浆土、铁屑底黏泥土作为塞泥,以香梗糯作为黏合剂,经过一套完整的制作工艺加工完成。有史记载:"卷纸作筒,实以硝磺,名为爆竹,号曰春雷。往岁小除后,声响不绝,彼此竞爆,以鸣豪者举。"至今已有300多年的历史。此后代代相传,成为远近闻名的"花炮"世家。李家花炮的品种有高空烟花、手持烟花、地面烟花和鞭炮四大类。特色花炮有天女散花、彩蝶飞舞、"九条龙"。点燃后如流星飞箭,腾空时喷射九道彩光,如同九龙抢珠,深受欢迎。

建湖烟花的今天

进入20世纪90年代,建湖烟花生产逐步摆脱了"做鞭做炮,七十二套"的传统手工艺方式,引进先进的生产线设备,不仅安全系数增加、工效上百倍提高,而且质量稳定,产品质量连续10年居全国同行第一。为适应市场需求,我县每年都有四五百个新品面市,如与意大利坡伦提烟花公司联合开发的柱型礼花弹,色彩鲜艳、层次分明,填补了国内空白;无烟烟花、室内烟花、日景烟花等新品技术的研制开发和生产,让建湖烟花在国际市场上大放异彩。2000年7月8日,在意大利举行的第三届国际焰火大赛中,建湖烟花一举夺魁。1999年,我县与巴西烟火工商有限公司合资办厂,年产烟花10万箱,产品全部销往南美、北美市场。

如今,建湖烟花仍然以种类繁多、品质优良、工艺独特、造型雅致而闻名海内外。燃放时集声、光、烟、色、造型于一体,其色彩在同类产品中独树一帜,蜚声海内外,远销30多个国家和地区,在国内外一系列重大活动中大放异彩(图4-2)。

2009年,建湖爆竹烟花实业有限公司曾应沙特阿拉伯王子的邀请,赴沙特阿拉伯举办 51 场音乐焰火晚会燃放活动。从 7 月 1 日至 8 月 20 日，每晚一场 20 分钟。这是该公司在国内外成功举办多场大型音乐焰火晚会的基础上，又一次成功走出国门，走向世界，让我县烟花在异国的上空绽放。

图 4-2　建湖烟花

2009 年 6 月 27 日，地处非洲东北部亚丁湾西岸的吉布提举行独立 28 周年庆典，庆典上燃放了五彩缤纷的烟花，这是继柬埔寨西哈努克亲王寿诞庆典、埃及国庆庆典之后，"烟花之乡"建湖再次把梦幻般的焰火晚会带到异国他乡。

2009 年 8 月 15 日，我县烟花爆竹行业又传来喜讯，建湖爆竹烟花实业有限公司在"2009 杭州西湖国际烟花大会"上一举中标，获得了国际规模最大、标准最高的"大型音乐焰火晚会"燃放的承办权，建湖烟花又一次在国际型的晚会上空绽放！

……

建湖烟花的名气到底有多大？建湖烟花曾夺得意大利国际焰火锦标赛冠军，是柬埔寨西哈努克亲王寿诞庆典指定烟花，埃及、吉布提国庆庆典烟花。先后承办香港回归庆典焰火晚会、国庆 50 周年大型烟花庆典、上海 APEC 焰火晚会等，在 2003 年中法友好年的大型焰火晚会上，建湖烟花作为唯一入选烟花绽放在法国里昂上空……

现在，"建湖烟花"已被国家工商总局认定为原产地证明商标。"建湖烟花"成为建湖县继"建湖大米"证明商标成功申报以来又一件原产地证明商标。

 资料链接

"中国·建湖烟花杂技节"创建于 1998 年，现已成功举行了三届，举办年份分别为 1998 年、2003 年、2006 年，每届建湖烟花杂技节上具体节目都各不相同，却同样精彩。建湖县历来是烟花、杂技、淮剧之乡，而"中国·建湖烟花杂技节"则以烟花、杂技为媒，通过节庆宣传独具特色的建湖传统文化，促进经贸活动。

每届烟花杂技节期间都会举办大型的歌舞、焰火、杂技晚会，届时会有绝美的烟花、动听的淮剧、精彩的杂技献上，绝对是视听盛宴。

2013 年 11 月 8 日—10 日，建湖县举办了以"友谊、交流、合作、发展"为宗旨的第二届"中国·建湖烟花杂技节"。当数百种国内最优秀的烟花品种一一亮相，当4000多发接连燃放的礼花弹把夜空映照得五色斑斓时，几十万建湖儿女绽开了最绚烂的笑容。

✳ 阅读小屋

花炮的各种称谓

日本称花炮、烟花为"花火"。

在江西省萍乡市（上栗县）、万载县，湖南省浏阳市、醴陵市，江苏建湖县，广西合浦县等花炮主产区一般称"花炮"。

其他称谓：炮竹、爆竹、烟花爆竹、炮仗。

花炮的相关传说

李畋先师

传说，唐朝皇帝李世民的宰相魏征，权力很大，"日管人间，夜辖阴曹"。一次，一个叫八河都总管泾河龙王的，犯了天条，被判死罪。玉帝命魏征去执行斩刑。当时正值炎热夏季的子夜，与李世民下棋的魏征昏昏入睡后，突然全身大汗淋漓，原来，他正在斩杀犯了天条的罪龙，累出了汗。这时，李世民用扇子对着魏征连扇三下。这么一扇，风助魏征，他终于斩杀了罪龙。于是，罪龙的阴魂怪罪李世民，经常兴风作浪，扰得他坐卧不安，夜夜不得安宁。于是派大将秦叔宝、尉迟恭守护李世民寝宫，才算平安无事。但是，一年有365个夜晚，夜夜要守护，实在苦了秦叔宝和尉迟恭。正在为难之际，有个叫李畋的人想出一个办法：用小竹筒装些硝磺，点燃爆响，山叫谷鸣，将鬼怪邪魅全都吓跑了。这样一来，鬼怪邪魅是吓跑了，可是爆竹很响，仍然使李世民无法安寝。后来，又有人想出办法，将大将秦叔宝和尉迟恭的画像贴在李世民寝宫的门上，镇鬼怪邪魅。所以，秦叔宝、尉迟恭后来就成了门神。李畋除了用爆竹守护李世民的寝宫外，他还用爆竹驱岚散瘴。因为当时唐朝征战频繁，疫病盛行，贫民遭殃。李畋使用这个办法后，果然灵验。于是，后来爆竹就被广泛应用于辟邪驱瘴了。后人为了纪念李畋，都尊奉他为爆竹的祖师爷。每逢农历四月十八日李畋先师会——爆竹祖师爷生日这天，人们便大办宴席，铳炮齐鸣，叩头下跪，隆重庆祝一番。这种习俗，千百年来，代代相传，一直沿袭到新中国成立初期。

孙隐崖和炼丹台

隋末唐初，著名医药家孙思邈才学超群，不但医术高明，而且炼丹技艺精湛，多次拒绝朝廷的赐封。据传，孙思邈为了专心致志炼丹和行医，先隐居在太行山的深山老林中，后又千里迢迢南下避隐到湘东山区，最后在浏阳定居下来。浏阳县城的东门外，沿河而上，在山岭的树林丛中，有一个岩洞，传说，孙思邈就隐居在这里。后人为了纪念这位著名的医药家和炼丹家，就把这个岩洞叫孙隐崖。孙思邈在这个崖洞中隐居下来后，经常到浏阳县城周边30公里外盛产硫黄矿的七宝山采挖硫黄。他将采挖回的硫黄加上硝石和木炭等物料，装入丹炉，日夜炼制。日复一日，年复一年，孙思邈终于炼制出了火药，为浏阳烟花、鞭炮的发明奠定了基础。人们为了铭记孙思邈对烟花、鞭炮的伟大贡献，将他炼丹的地方尊称为炼丹台，洗药的井和泉分别称为洗药井和洗药泉。时至今日，历史的巨轮已飞转了一千多个年头，但孙隐崖、炼丹台、洗药井、洗药泉仍保存完好，依旧在悠悠地叙述着这个古老的传说。

通过阅读上面的材料，我的收获主要有：＿＿＿＿＿＿＿＿＿＿＿＿

＿＿＿＿＿＿＿＿＿＿＿＿＿＿＿＿＿＿＿＿＿＿＿＿＿＿＿＿＿＿＿＿

＿＿＿＿＿＿＿＿＿＿＿＿＿＿＿＿＿＿＿＿＿＿＿＿＿＿＿＿＿＿＿＿

＿＿＿＿＿＿＿＿＿＿＿＿＿＿＿＿＿＿＿＿＿＿＿＿＿＿＿＿＿＿＿＿

❋ 综合性学习

【材料一】

国家安全监管总局副局长王显政 2006 年 10 月 8 日在全国安全生产视频会议上介绍，5 月份以来，全国一次死亡 3 人以上的重大事故出现反弹。8 月份，金属和非金属矿山、危化品、烟花爆竹、道路交通、水上交通重大事故同比明显上升，少数行业领域的事故量上升，特别是危险化学品和烟花爆竹行业安全生产方面存在的问题仍然很多。1 月至 9 月，危险化学品事故死亡人数同比上升一成；烟花爆竹事故起数和死亡人数同比分别上升 38.4% 和 16.9%，仅第三季度就发生了 5 起非法生产烟花爆竹重大爆炸事故，造成 25 人死亡、17 人受伤。

【材料二】

300 年的荣耀为民生让路

花炮是高税率产品,20 世纪 90 年代,花炮税收占到全县财政收入的 1/4,2001 年,全县纳税前十强的企业中,7 家是花炮厂。"禁炮"等于割自己的"肉"。县委、县政府凝集共识,宁可牺牲每年几千万元的利税,也要为建湖打造"百年绿色产业"。一锤定音,政府决定于 2010 年底前,关停转产全县所有 11 家花炮厂。

【材料三】

花炮之乡以文化的形式传世

尽管建湖的花炮厂如今实现了关停和转产,但建湖花炮文化已经传承下来——"建湖花炮制作工艺"被命名为省级非物质文化遗产,"花炮之乡"将以文化的形态传世。

(以上材料选自盐城新闻网,有改动)

 活动一

结合上述三则材料,围绕烟花爆竹的安全管理工作,请你提出三点合理化的建议。

建议一: _____

_____

建议二: _____

_____

建议三: _____

_____

尽管建湖县的花炮厂大部分已经转产,但花炮销售依然火爆,结合上述材料,就花炮生产、销售的相关安全要求,你想对下面的角色说些什么?

对花炮生产商说:_____

_____

对花炮经销商说:_____

_____

对花炮消费商说:_____

_____

对县安监局分管局长说:_____

_____

第五章　方言篇

"少小离家老大回,乡音无改鬓毛衰",流逝的是岁月,不变的是乡音,亲切的家乡话把我们的心与故乡的情,永恒地连在一起。现在,我们就带领同学们去领略建湖乡音的风采,去感受水乡方言的魅力。

建湖话属于江淮方言,跟盐城话大同小异。在历史发展的过程中,建湖方言逐渐形成了具有浓郁乡土气息的地域特色。相信学完本篇之后,你一定会发现,家乡的方言内涵深厚、趣味无穷!

你会说下面的方言吗? 你知道它们的意思吗? 猜一猜,试一试吧!

细小的、波罗盖子、瞇眼、线线蛛、叽留、何头、条竹把子、钉冻当子

猜得出来吗? 下面跟我们一起去探索我们奇妙的方言吧!

第一节　话"说"建湖

✳ 寻根之旅

　　我国自古地分南北,江淮居其中。江淮之间,气候物产、语言风土,其特点也都居南北之中。扬雄《方言》记载显示,早在汉代,本省境内偏西地区,西接淮河南北是一个方言区。这个方言区居南北之中,受南北方言和其他政治、经济、文化方面的影响,逐步发展演变成为江淮方言区,横亘江苏、安徽中部。建湖话属江淮官话洪巢片①建盐小片,与盐城话差不多,其方言有着明显的洪巢方言和通泰方言②的过渡地带特征。换句话讲,建湖方言历史上曾经是通泰方言的一部分。后在元朝之后的几轮华北化浪潮中逐渐蜕变成淮扬方言。时至今日,这种变化仍在进行当中,残余的通泰特点在慢慢消失殆尽。就建盐方言内部而言,越往东南方向,类似通泰方言的特点就越多;越向西北方向,通泰方言的特点就越模糊(图5-1)。

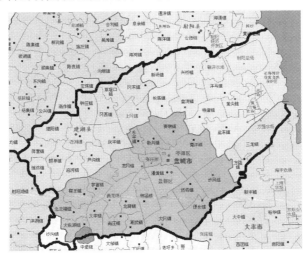

图5-1　建盐方言分布地区(黑线内区域)

---

　　① 洪巢片,在语言学上是指以中国五大淡水湖("五湖")之洪泽湖和巢湖为两端的大片区域,包括今江苏北部地区(徐州、淮安、连云港、盐城、宿迁、扬州、泰州、南通等)、江苏南部部分地区(南京、镇江等)以及安徽省中北部地区(淮南、淮北、蚌埠、合肥、巢湖、滁州、六安等)。

　　② 通泰方言是吴语和江淮官话(淮语)的过渡方言。

另外,建湖方言中也有一些语汇具有吴方言的特点,这应该和历史上多次的大规模移民有关,尤其是明朝初期,战乱使苏北地区人口逃毙殆尽,亟待移民充实,于是朝廷从江南迁移大量人口到苏北一带进行垦荒。在历史的流逝中,吴方言区的移民把自己的方言与苏北本地方言经过长时间的融合,便形成了今天听到的建湖方言。

到了现代,中国分为七大方言区:北方方言、吴方言、闽方言、粤方言、客家方言、赣方言、湘方言。各个方言又分为不同的次方言。例如北方方言,分为华北、东北次方言、西北次方言、西南次方言和江淮次方言。江淮方言,俗称下江官话,通行于长江中下游,包括安徽、江苏、江西部分沿江地区。与普通话相比,其语音主要特点是:"n,l"不分,前后鼻音多读作前鼻音,平翘舌音不分,有入声音,等。

江苏方言主要分为华北、东北方言区,江淮方言区和吴方言区(如图 5-2 所示),图中 A 区为华北、东北方言区,B 区为江淮方言区,C 区为吴方言区。

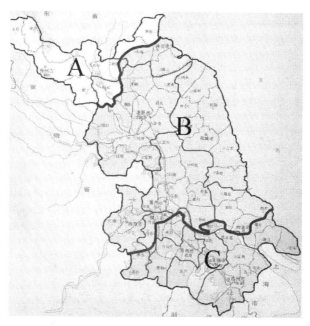

图 5-2　江苏方言区域划分

　　亲爱的同学们,想一想,我们建湖方言属于哪一类呢?尽量写具体一点。

_____

_____

✳ 方言特点

建湖方言的声母、韵母、声调

一、声母

建湖方言有 18 个声母,包括零声母在内:

P	巴表布八	p'	批爬浦匹	m	毛米磨木	f	否反方福
t	大低度独	t'	他提土秃	n	拿你能诺	l	拉罗李路
ts	支糟祖杂	ts'	茶车草尺	s	私搜书缩		
tɕ	骄鸡巨脚	tɕ'	敲齐渠雀	ɕ	消希序学		
k	高根孤谷	k'	靠空枯哭	x	好呼横霍		
o	恩妖云屋						

注:零声母的标注也可参考汉语拼音方案,如鱼 iu – yu 乌 u – wu

二、韵母

建湖方言有 51 个韵母,其中舒声韵 34 个,声化韵母 2 个,入声韵 15 个:

舒声韵

ɿ	支私此是	i	低计比尼	u	补土初枯	y	女居去许
a	巴打沙家	ia	爹加虾牙	ua	爪耍跨瓦		
		iɛ	阶解懈矮				
		iɪ	姐泻爷野				
o	波拖罗歌						
ai	摆呆来开			uai	猜帅乖淮		
ei	堆杯车蛇			uei	锐追龟伟		
au	包刀招高	iau	标骄刁鸟				
ɐu	斗楼抽沟	iɐu	丢牛酒油				
əi	儿耳饵						
ɛ̃	板蛋三甘	iɛ̃	艰 减监	uɛ̃	赚关患晚		
õ	般端专官					yõ	卷全宣远
		iĩ	边天年仙				
ən	奔灯针根	iən	兵丁林青	uən	闰尊昆文	yən	军群训云
aŋ	邦当尚岗	iaŋ	娘讲抢央	uaŋ	撞双光汪		
oŋ	崩东中工	ioŋ	窘穷兄用				

声化韵母

ŋ̍ 我

m̩ 亩

入声韵

	iʔ 切戚泣		
aʔ 缚洛各托	iaʔ 略雀削约		
aʔ 杂杀夹瞎	iaʔ 八答甲鸭	uaʔ 桌扩霍沃	
		uɛʔ 刷括滑袜	
ɔʔ 北麦六国	iɔʔ 菊曲畜育		
oʔ 钵末 脱	ioʔ 绝掘血月		
əʔ 弗得计格	iəʔ 笔立舌	uəʔ 出骨忽勿	yəʔ 橘屈恤域

三、声调

建湖方言有 5 个声调,见表 5-1。

表 5-1   建湖方言声调表

调类	调值	例字	代号
阴平	31	刚知开超婚飞	1
阳平	213	陈穷瓢时人文	2
上声	55	古走口好五女	3
去声	45	对爱抗共用近	4
入声	5	急曲黑各尺六	5

请用建湖方言读读看:

我是建湖人,我讲建湖话。

ng si4 jian4 hu2 leng2, ng jiang3 jian4 hu2 hua1。

建湖位于江苏省北部,是一个鱼米之乡。

jian4 hu2 uei4 iu2 jiang1 su1 seng3 bo2(或者 bo5)bu4, si4 i4(或者 i5)
gou4 iu2 mi3 zi1 xiang4。

注:拼音后数字为这个字的声调。

阅读了以上的资料,你一定对建湖方言有所了解了吧! 请想一想建湖方言与普通话有什么区别,并与同学讨论一下。

阅读材料

经过整理的建湖方言词汇,以盐城市建湖县城关镇、近湖镇方言为主要参考源,兼顾各乡镇口音,主要依照新派词汇,兼顾老派。加括号的为正字未考出,括号内字为表音。

一、代词

我—(恩)	别人—人家	外婆—外父奶奶	外公—外父爹爹
爷爷—爹爹	爸爸—爷、伯伯(baibai)		妈妈—我妈
姑爷—姑伯	姑姑—(哺)子		姨妈—姨娘
孩子—细伢子、细小的、小把戏			女孩—细丫头、丫头

二、形容词

做事稳重—逸当、逸逸当当、逸而当之	不挑食—嘴泼
吵乱—鸭吵堂	一点儿—旮旮、旮旮点
规矩的样子—正形	非常黑—乌黑
非常疼—生疼	做的好—雪滑
拖延—延摸	方便—便当

三、动词

跑—奔	乱跑—冲军、冲魂	解渴、解饿—杀渴、杀饿
回去—家去	回来—家来	聊天—拉呱
给—把	发烧—发热	操心—担心思
教—(高)	理发—剪头	结冰—上冻

四、名词

月亮—亮月子	阴天—变天	晴天—好天
城里—街上	今天—更个、更朝	刚才—只才将、将么才
原来—原先、先头子、先头		这一阵—这一腔、这发子
南边—南头	对面—对过	这里—这块
周围—(陀螺)	香菜—芫荽、芫须	红薯—山芋
玉米—棒头	土豆—洋山芋	午餐—中饭
开水—茶、透水	皮蛋—变蛋	茶—茶叶茶
汤圆—圆子	冰棍—棒冰	围裙—围腰子

衣架—衣裳撑子　　　手帕—手巾方子　　　　小板凳—小杌子

❋ 综合实践　探究建湖方言语汇与普通话语汇的对应关系

1. 活动准备

（1）分小组讨论,制订"探究建湖方言语汇与普通话语汇的对应关系"活动计划,包括活动的目的、时间、地点及流程安排。

活动目的: _____

_____

活动时间、地点: _____

活动流程: _____

_____

_____

_____

（2）到图书馆查阅《建湖方言》《盐城方言大辞典》等书籍,或者通过采访身边人了解建湖方言与普通话语汇的对应关系。

2. 活动过程

（1）全班分组查阅资料,了解建湖方言与普通话语汇的对应关系。

（2）搜集建湖方言与普通话语汇的对应词汇或短语,并摘抄重要内容。

（3）分小组对身边老人进行采访,了解一些现在不太常用的方言词汇,并用普通话解释出来,做好记录,并与其他同学交流。

我的记录: _____

_____

_____

_____

_____

我与_____同学的交流：

_____

_____

_____

_____

3. 活动小结

（1）整理搜集的资料与考察记录，在老师的指导下撰写研究报告。

（2）以小组为单位，举办"我爱家乡话"的专题汇报，汇报"探究建湖方言语汇与普通话语汇的对应关系"活动的收获、心得，可以用口头汇报形式，也可以用文字表格形式汇报。可邀请老师、外班同学和家人参加。

我们采取这样的汇报形式：

_____

_____

_____

_____

我的感受与心得

第二节　最爱乡音

❋ 乡音萦绕

岁月流逝,历史变迁,中华文明在建湖这块热土上不断传承,建湖方言在它演变的过程中形成了许多别具特色的俗语。

民谚、俗语

矮子数壮丁。

八月蛤蟆叫,干得犁头撬。

把大盐卖馊了。

把腿伸直了睡觉。

把一个钱看得有磨子大。

半夜收拾上扬州,天亮还在锅门口。

不当二百钱数。

不是猴子不上花果山。

不会烧香得罪神,不会说话得罪人。

财去人安乐。

吃亏人常在,讨便宜死得快。

痴人自有痴人福,痴人照样蹲瓦屋。

船大抗风浪,船小好调头。

春打六九头,种田的不用愁。

刀在石上荡,人在世间闯。

叮到皮,烂到肉。

耳朵割得了拿鼻子听。

肥肉烂在自家汤锅里。

鬼拣熟的迷。

锅投笼不投。

舌头打个滚不蚀本。

好心当作驴肝肺,还嫌驴肝没得味。

黄鼠狼下老鼠,一代不如一代。

见风就是雨，见毛就是鸭。

脚大脸厚不怕丑。

哭不死的伢子，吊不死的茄子。

浪子好穿单，冻死把眼翻。

拎起来不像个粽子，奔下来不像个糍粑。

螺螺炒韭菜，各人各喜爱。

猫吃草，天不好。

猫子不在家，老鼠滑连叉。

南来的冒子，北来的侉子。

千层单不抵一层棉。

牛大自耕田。

牛过河了拽尾巴。

七个和尚八样腔。

热脸呵人家冷屁股。

三不三，二不二。

三斤鸭子二斤半嘴。

睡不着觉怪床歪。

外头有个勤钱手，家里有个聚钱斗。

小窟里掏不出大螃蟹。

一个打，一个护，到老不上路。

油多不坏菜，礼多没人怪。

 我的整理

有很多民谚、俗语都是建湖人民在长期的劳动实践过程中总结出来的生活经验，请把有关农业生产的民谚、俗语筛选出来。除了以上列举出来的，你还能举出其他一些例子吗？可以问问身边的老人。

歇 后 语

半边猪头敬老爷——惹老爷生气

扁担没拽子——一头抹一头滑

茶壶没把子——嘴好

搽粉上吊——死要脸

穿钉鞋拄拐棍——稳了不带稳

大哥不要说二哥——两个哥差不多

钝镰刀割麦——拉倒(作罢)

二十一天不出鸡——坏蛋

狗咬虱子——瞎嚼蛆

关老爷卖豆腐——人硬货不硬

棺材里伸手——死要钱

观音堂里着火——妙哉(庙灾)

哈巴箍子挂铃铛——想(响)到哪块说到哪块

黄鼠狼拖鸡——越拖越稀

豁嘴子吃疙瘩——里来又外去

脚踏车下坡——不睬(踩)它

脚面上支锅——农日子(农,将就)

叫花子烧纸——穷祷告

进门喊大嫂——没话找话说

借钱买衣服——浑身是债

哭丧棒打阴匠——不图下次

懒牛上磨(上工)——尿屎多

老鼠拖板锹——大头在后头

老鼠掉进米缸——吃不完用不完

两个手打时——没章程

两个和尚打架——谁也抓不住辫子

麻袋装菱角——冒尖

麻虾子戴斗篷——假充大头虾

猫子屙屎——自打当

棉花店里挂弓——不谈(弹)

拿着鱼贯缝衣裳——什呢都当真(针)

蒲包里装枣核钉——个个想出头

敲锣卖糖——各干各行

属算盘珠子的——不拨不动

四两棉花八把弓——细谈(弹)细谈(弹)

瘫子带亲——坐等

土地老爷门朝北——多管一方

外甥戴孝——没救(舅)了

瞎子磨刀——望见亮了

巷口子里扛木头——直来直去

小大姐踢毽子——一脚来一脚去

学习学掉得一点——学习

洋辣子掉下火盆——有命没毛

一箩鸡蛋打下地——没得一个是好的

阴天拖穰草——越拖越重

赵五娘上京邦——穷话万担

> 建湖有不少歇后语来源于一些有趣的故事,问问身边的老人,把你了解到的有趣的故事记下来,并讲给同学们听一听。

歇后语＿＿＿＿＿＿＿＿＿＿＿＿＿＿＿＿＿

来自于这样一个有趣的故事:＿＿＿＿＿＿＿＿＿＿＿＿＿＿

＿＿＿＿＿＿＿＿＿＿＿＿＿＿＿＿＿＿＿＿＿＿＿＿＿

＿＿＿＿＿＿＿＿＿＿＿＿＿＿＿＿＿＿＿＿＿＿＿＿＿

＿＿＿＿＿＿＿＿＿＿＿＿＿＿＿＿＿＿＿＿＿＿＿＿＿

＿＿＿＿＿＿＿＿＿＿＿＿＿＿＿＿＿＿＿＿＿＿＿＿＿

❋ 探索发现

喷嚏与"狗百岁"

在建湖地区有一种口彩文化沿袭已久,那就是遇有小孩子打喷嚏时,边上的大人往往总是立刻接上一句:"哎呀,狗百岁!"

直到如今,不少大人之间还经常开这样的玩笑,有谁打了个喷嚏,边上冷不防就有人来上一句"狗百岁",当然,这只是戏谑之言罢了。

明明是人,怎么会说是狗呢? 这真是说来话长,不过有一点可以推测,即这种文化起源于穷人。具体分析，需要分三步来回答这个问题。

第一，过去的穷人认为孩子打喷嚏是瘟神降灾的征兆。人穷最怕病来磨，可穷人偏偏多生病，特别是孩子，冬春季节，时疫流行，往往打上几个喷嚏之后，动不动就会跟着发高烧，说胡话，甚至昏沉沉不省人事，常常由于没钱医治，一些孩子就此送掉小命。而大人们没有文化，不懂科学，小孩一打喷嚏，便认为是瘟神来降灾了。怎么办呢？他们一边在心中祈求菩萨保佑，一边又向熟谙鬼神的人讨法术，最简便的方法就是给孩子起小名，说是为了让孩子好养，就要帮孩子起个带"狗"字的乳名，什么大狗子，小狗子，实际上就是把孩子喊成狗子。当然也有喊成徐大猫、左小鸭子等其他动物名字的，但以喊狗子的最为普遍。

第二，为什么要把孩子比狗呢？这是因为在当时的社会里，人们普遍认为：（1）狗属贱物，不娇惯，耐受各种折磨，哪怕骨头断了也能自愈，建湖有这样一句俗语，叫"猪皮狗骨，三天两日"，意思是说猪狗受伤后没几天就能自愈。（2）狗不择食，没有好吃的，连猪食也能当饱，穷人是最怕孩子"穷生富命"的。（3）狗是忠臣，建湖有句俗语，就叫"狗忠臣，猫奸臣"，谁不希望孩子跟父母贴心呢。（4）狗与人的关系亲密。（5）狗的身材可能是人们心中最理想的，如今人们还常有这样的语言挂在嘴边上，形容人瘦叫"瘦猴"，形容人胖叫"肥猪"，而形容人壮实叫养得像个"肉狗样子"，就是现在，建湖乡下还有老人常把孩子长得结实好玩说成"养得蛮狗性的"。（6）狗是土心，不惹鬼神，这是很重要的一点，在建湖有这样两种说法，一是说如果狗要咬你，你就蹲下来假装捡泥土块，狗就不敢再往前来咬你了，这是因为土是狗的心；二是说狗被打死后，必须吊在半空，或是吊树上，或是吊门搭子上，反正不能放在地上，因为狗是土心，如果放在地上，过一会儿还会活过来。因为狗是土心，所以有土地神在保佑它，一般鬼神是不敢跟它沾边的。综上所述，人们有众多理由把孩子比作狗。

第三，既然把孩子打喷嚏认做是瘟神降灾的预兆，同时又把孩子比作"狗子"，那么，哪家的"狗子"打喷嚏时，大人总要紧跟着说上一声"狗百岁"，意思就是驱邪恶，保安康，这叫"接口福"，也叫接口彩。久而久之，家家户户就都这么做了。

同学们，读了上面的材料后，现在应该明白小孩子打喷嚏时，大人为什么说"狗百岁"了吧，你能用简单的语言说一说原因吗？

✳ 方言艺术

方言是语言共同体的文化组成部分,反映着其所产生的特定人群的生活方式和思维方式,方言对区域文化,特别是对审美文化感情的维系,或许比任何其他因素都更持久、更强韧。在建湖地方戏——淮剧的艺术模式中,最活跃、最具生命力的内容莫过于方言的艺术化,这种鲜明的语言特色使淮剧具有一种别样的审美文化价值。

淮剧语言是以今建湖县的方言为基调,经过戏曲化而形成的一种舞台语言。众所周知,华东四大剧种之一的淮剧,楚州是其主要发源地。淮剧的创始人筱文艳也是楚州人。照理说,应该用楚州方言作为淮剧的舞台语言,但是为什么用建湖方言作为淮剧的舞台语言呢?

建湖县地处淮剧艺术发祥地的中段,历史上的僮子(一种以唱跳形式替人捉鬼消灾的迷信活动者)、香火戏艺人大多出生于此。该地的语言与周围地区相比,具有语调工稳、四声分明、五音齐全、富于韵味、发音纯正、悦耳动听等优点,为不同时期的淮剧艺人所采用。1961 年,淮剧艺术考定委员会界定淮剧语言以建湖县方言语音为基调,同时适当吸收周围地区具有普遍意义的个别字音加以丰富。淮剧语言在长期的实践中逐步形成了 20 个韵部。

这种艺术化的方言,以其语言的原生质状态,成为淮剧与其接受者之间审美文化认同最直接、最便利的桥梁。同时,也是"土气""野味"的审美文化品格形象外现的重要途径。

> 同学们,你们喜欢听淮剧吗? 一起去听一听吧,感受一下淮剧语言中建湖方言的魅力,并把自己的感受写下来,与其他同学进行交流。
>
> 我的感受:_____
>
> _____
>
> _____
>
> _____

1. 活动方案

活动方案具体见表5-2。

表5-2 活动方案情况

阶段	时间	主要任务	阶段目标
1	2周	查找资料,小组讨论,与相关人员进行访谈	了解、记载和俗语有关的有趣的故事
2	4周	走进网络,在互联网上欣赏淮剧名段	学唱一小段淮剧片段,并记录下自己学戏的心得体会,培养对家乡的热爱之情
3	1周	成果交流展示	展示研究成果,形成总结报告
4	1周	设立"推普"宣传周	拟订方案,进行宣传,在讲好家乡话的同时,要说好普通话

2. 活动过程

全班同学经过讨论,决定根据自己的兴趣、爱好,采用自愿组合的方法分成两个小组展开活动,主要分为采访组和学唱组。

（1）搜集资料。采访组的同学可以到图书馆或上网查询有关信息,也可以向有关人员询问,组内同学将搜集来的资料进行汇总,并加以分类。

（2）聘请音乐老师作指导,先利用各种视听资源欣赏淮剧名段。在音乐老师的指导下,学唱自己感兴趣的淮剧片段,并记录下自己学戏的心得。

（3）各小组将自己小组成员的记录材料、心得体会进行汇总概括,写成书面报告的形式,以便交流。

3. 活动小结

（1）每个小组将收获到的成果,在全班交流展示,可以邀请老师和其他班级的同学一起观看交流展示会,并用 DV 记录下来。

（2）经过了这么多的调查与研究,同学们一定对我们的家乡话有了很深的了解,同时也应该意识到,在讲好家乡话的同时,更要说好普通话。你可以在班级的黑板报上设立一个专栏,也可以创设标语,向周围的人群宣传说好普通话的重要性。

请为"推普"活动写一个有创意的宣传语吧:

第六章 曲艺篇

步入视听世界,感受淮剧的独特魅力;走近惊险舞台,纵览杂技的奇美风采。叹为观止的精彩表演,给我们带来美轮美奂的艺术享受……这一刻,让我们共同来揭开淮剧和杂技的神秘面纱。

你欣赏过淮剧和杂技吗? 你了解它们的起源和发展吗?

第一节　淮剧之乡

淮剧是江苏的主要地方剧种之一,建湖是淮剧的故乡。淮剧植根于人民大众,服务于人民大众,它与建湖人民相生相伴,世代相传,生生不息。淮剧这朵祖国文艺百花园中的奇葩,在建湖几十万人民的精心培育下,正以崭新的面貌呈现在世人面前。

❋ 寻根之旅

盐淮地区戏曲活动源远流长。建湖上冈石桥头《吕氏家谱》就有嘉庆元年(1796 年)吕氏九世世凰公上演香火戏的记载,这是目前淮剧追根溯源最古老的例证。

> 联系你所了解的戏曲知识,说说淮剧有哪些角色行当。

1945 年 7 月,建湖县高作镇西北乡举行以淮剧为主的文艺会演,有 13 个乡镇剧团,260 多人参加,历时 3 天,盛况空前。

1949 年 10 月 1 日,中华人民共和国成立,在举国上下一片欢腾的大喜日子里,历经半封建半殖民地社会艰苦创业近半个世纪的"三可子"(江淮戏、淮戏)终于取得了正名"淮剧"(图 6-1)。1952 年 10 月 6 日,上海人民淮剧团出席全国第一届戏曲观摩演出大会,"淮剧"被正式载入国家级文件

图 6-1　淮剧演出

档案。2008 年入选国家级非物质文化遗产保护名录。

1953 年,国家政务院颁发了《关于戏曲工作的指示》,各地淮戏班社就地登记,进行了改戏、改人、改制的"三改"工作。1954 年 7 月,建湖县淮剧团成立。

1961 年春,盐城专区成立了"淮剧艺术研究考定委员会",对淮剧艺术作全面挖掘、研究与考定。考定委员会汇集淮阴、扬州、上海等淮剧界几乎所有专家、艺人的意见,确定建湖县城方圆 5 公里内的方言为淮剧音韵考定语,这是淮剧剧种的核心标志。

❋ 名家风采

淮剧形成期中的代表人物,最早的有建湖吕氏家族、骆氏家族、徐氏家族。吕氏家族中有吕进凰、武丑吕维翔、花脸吕祝山等诸辈早期香火戏淮剧艺人;骆氏家族中有男旦骆步蟾和骆步兴及骆宏彦等;徐氏家族中有徐连科、徐连发及后为上海淮剧团著名男旦的徐桂芳(图6-2)等。1964年4月,徐桂芳和筱文艳、何叫天等著名演员一起,在黄浦剧场演出现代戏《海港的早晨》。演出结束,周恩来总理登台与他们握手致意,并合影留念。

图6-2　淮剧演员徐桂芳

建湖的时炳南,男旦兼老生演员,能演《骂灯》中的王月英、《方卿见姑》中的姑母及《五台山》中的杨继业,是早期淮剧界中的"三大教主"之一。建湖的男旦演员梁广友是淮剧"四大名旦"之一。

何孔标,文武生、文武花旦、花脸、小丑各行皆能,代表作有《红梅阁》《贵妃醉酒》《闹天宫》等,在淮剧界享有盛誉,人称"元始天尊"。

李玉花,淮剧史上第一代女演员,常演《李翠莲》《赵五娘》《琵琶奏》等,以自创"六字句"唱腔(亦称李玉花调)著称。梅兰芳曾称赞她"乡土气浓、声情并茂"。

如今还涌现出戴建民、秦玉莲、刘素华、王锦宜等被淮剧界观众誉为"一生三旦"的知名演员。

请查阅资料,把"一生三旦"的个人资料制成小卡片的形式,如下:

姓名:＿＿＿＿＿＿＿

性别:＿＿＿＿＿＿＿

个人经历:＿＿＿＿＿＿＿＿＿＿＿＿＿

＿＿＿＿＿＿＿＿＿＿＿＿＿＿＿＿＿＿＿

代表作:＿＿＿＿＿＿＿＿＿＿＿＿＿

照　片

建湖县淮剧团自 1974 年恢复组建以来，创作上演了淮剧剧目 54 台，有一半以上是现代戏。其中《如何不如何》《贾干事下乡》分别参加江苏省第一、第二届淮剧节，均获剧本、演出一等奖，《野狼谷》《陆秀夫》参加江苏省第三、第四届淮剧艺术节，分别获得演出奖、剧目奖。2006 年 1 月，新创作的大型现代戏《剃头匠与理发师》（图 6-3）参加江苏省第五届淮剧艺术节，荣获优秀剧目一等奖等 14 个奖项。

图 6-3　大型现代淮剧《剃头匠与理发师》

资料链接

剃头匠与理发师

剧情简介

普普通通的小县城，平平凡凡的手艺人，同行多争斗，危难见真情，抛却前嫌相救助，侠肝义胆民族魂。1937 年秋，入侵中国的日本鬼子由北向南推进，省城沦陷。

肖美凤为躲兵灾，只身来到偏僻的仁水县城，开了一爿"肖凤理发店"。不料此举得罪了仁水县城"罗祖会"的会长马老五，因此两人产生了一系列摩擦和纠葛。不久，日本鬼子侵入了仁水县城，在共同的敌人面前，两个平凡的手艺人抛弃前嫌，相互救助，共同对敌，反映了普普通通的中国老百姓正直、善良的品质和爱国主义精神。

演职人员

该剧编剧为杜学连、赵海龙，导演为王友理，作曲为赵震方，舞美设计为王钧章，灯光设计为吴吉华，服装、造型设计为李华、纪俊珍。演员阵容如下：戴建民饰马老五，李志芬饰肖美凤，李坚饰阿根，夏伟饰阿德，彭鹏饰小二，何敏星饰吴正品，凌炳高饰犬养一郎。

获奖情况

该剧 2006 年年初参加第五届江苏省淮剧艺术节演出,荣获优秀剧目一等奖等 14 个奖项。

建湖县淮剧团 30 年来参演剧目获奖概况

在盐城市历次新剧目调演中,建湖县淮剧团参演的剧目均名列前茅。1981 年,《卖蟹》在盐城市获创作一等奖、演出一等奖,出席江苏省 1982 年新剧目调演并获奖。该剧本还被江苏省收编为省戏剧学校的教材,1985 年,《公公做媒》获江苏省优秀现代戏演出"百场奖"。1990 年,中央、江苏省、盐城市电视台联合摄制建湖淮剧团的《淮剧折子戏精选》,把它作为国家文艺精品进行对外交流。1996 年,《冲天鸟》获盐城市新剧目调演演出一等奖,并获市首届"五个一工程奖"提名奖,目前该剧在全国被 8 个剧种 13 个剧团移植演出。剧团十多台剧目被各级电视台录制成电视片、灌制唱片,还有 40 多台剧目被刻录成光盘。

近年来,淮剧界涌现出被里下河淮剧观众称誉为"一生三旦"的知名演员戴建民、秦玉莲、刘素华、王锦宜,以及国家一级导演王友理。省、市报刊、电台对淮剧界的优秀人才均作了多次报道。

建湖县淮剧团深受广大淮剧观众欢迎。《祥林嫂》(图 6-4)一剧在建湖上冈剧场一次连续演出 74 场,场场爆满。1982 年,为满足观众需要,在盐都北龙港剧场和兴化胜利剧场创下一天演出 6 场的历史新纪录。

图 6-4 大型无场次淮剧《祥林嫂》

《祥林嫂》

原著：＿＿＿＿＿＿＿＿＿＿＿＿＿＿

内容简介：＿＿＿＿＿＿＿＿＿＿＿＿＿＿＿＿＿

＿＿＿＿＿＿＿＿＿＿＿＿＿＿＿＿＿＿＿＿＿＿＿

＿＿＿＿＿＿＿＿＿＿＿＿＿＿＿＿＿＿＿＿＿＿＿

时代背景：＿＿＿＿＿＿＿＿＿＿＿＿＿＿＿＿＿

＿＿＿＿＿＿＿＿＿＿＿＿＿＿＿＿＿＿＿＿＿＿＿

人物性格：＿＿＿＿＿＿＿＿＿＿＿＿＿＿＿＿＿

＿＿＿＿＿＿＿＿＿＿＿＿＿＿＿＿＿＿＿＿＿＿＿

❋ 读书时间

阅读你最喜欢的戏曲的相关著作。建议同学们到校图书馆或者通过网络查阅资料,在阅读的过程中感悟艺术家们的执著追求,并将自己的心得体会写成一篇读书笔记,在班级进行交流。

阅读书目：＿＿＿＿＿＿＿＿＿＿＿＿＿＿＿＿＿＿＿

阅读印象：

1. 你印象最深的一位表演艺术家是谁? 他是哪种戏剧的代表人物?

＿＿＿＿＿＿＿＿＿＿＿＿＿＿＿＿＿＿＿＿＿＿＿＿＿＿＿＿＿

＿＿＿＿＿＿＿＿＿＿＿＿＿＿＿＿＿＿＿＿＿＿＿＿＿＿＿＿＿

2. 他的事迹给你带来了怎样的人生启示?

＿＿＿＿＿＿＿＿＿＿＿＿＿＿＿＿＿＿＿＿＿＿＿＿＿＿＿＿＿

＿＿＿＿＿＿＿＿＿＿＿＿＿＿＿＿＿＿＿＿＿＿＿＿＿＿＿＿＿

※ **实践活动** 学唱淮剧

1. 活动准备

（1）分小组讨论,制订"学唱淮剧活动计划",确定活动的目的、时间、地点、内容安排。

活动目的：＿＿＿＿＿＿＿＿＿＿＿＿＿＿＿＿＿＿＿＿

活动时间、地点：＿＿＿＿＿＿＿＿＿＿＿＿＿＿＿＿＿＿

活动内容：＿＿＿＿＿＿＿＿＿＿＿＿＿＿＿＿＿＿＿＿＿

＿＿＿＿＿＿＿＿＿＿＿＿＿＿＿＿＿＿＿＿＿＿＿＿＿＿

（2）写下你最想学的淮剧片段。

2. 活动过程

（1）全班分组拜师学唱,确定自己所要学习的片段。

（2）放假期间全身心投入学习。

（3）成立比赛小组,聘请专业老师做评委。

我与＿＿＿＿＿＿＿同学的交流：

＿＿＿＿＿＿＿＿＿＿＿＿＿＿＿＿＿＿＿＿＿＿＿＿＿＿

＿＿＿＿＿＿＿＿＿＿＿＿＿＿＿＿＿＿＿＿＿＿＿＿＿＿

＿＿＿＿＿＿＿＿＿＿＿＿＿＿＿＿＿＿＿＿＿＿＿＿＿＿

3. 活动小结

（1）以小组为单位,举办"学唱淮剧"专题汇报会,汇报"学唱淮剧"活动的收获,可以用口头汇报形式,也可以用图像文字汇报形式。

我们采取这样的汇报形式：

＿＿＿＿＿＿＿＿＿＿＿＿＿＿＿＿＿＿＿＿＿＿＿＿＿＿

＿＿＿＿＿＿＿＿＿＿＿＿＿＿＿＿＿＿＿＿＿＿＿＿＿＿

（2）就这次专题汇报会的感受,写一篇小通讯,在校内外有关媒体上发表。（参照苏教版语文书七年级下册的"写消息"）

＿＿＿＿＿＿＿＿＿＿＿＿＿＿＿＿＿＿＿＿＿＿＿＿＿＿

＿＿＿＿＿＿＿＿＿＿＿＿＿＿＿＿＿＿＿＿＿＿＿＿＿＿

第二节　杂技奇葩

中国杂技具有悠久的历史和浓郁的民族风格,在世界杂技艺坛上有着经久不衰的魅力。江苏省盐城市建湖县庆丰镇方圆41.5公里内的18个村庄,统称为"十八团"。这里的杂技艺术源远流长。它跟河北吴桥、山东聊城、北京天桥齐名,是我国杂技艺术"三个半"发祥地之一,以具有独特的民族风格和精湛的艺术技巧而享誉中外。

❋ 知识窗

什么是杂技?

杂技是多种高难度技艺表演形式的通称,其中包括用手抛扔道具的丢掷技巧、平衡技巧、空中技巧、跳跃技巧、柔术等。传统行走江湖卖艺的表演,常是杂技、武术、魔术、马戏(驯兽)等表演形式的综合体。今天的杂技表演也常常和魔术、马戏表演一起进行。

杂技演出所操控的物件称为道具,其中马戏技艺使用扯铃、恶魔棍、雪茄盒操控、吞火和接触技等。这类的杂技表演也会使用如晃板、叠板凳、平衡杆、高跷、独轮车等平衡类道具,以增加表演难度。西方的杂技表演基本是道具操控,而东方杂技表演除了道具操控外也经常结合大量体技如钻火圈、空中飞人、柔术等,因而将杂技的形象与技艺紧密结合。此外,现代一些较为近距离或桌面范围的小型特技表演偶尔也会被纳入杂技的范围中,这些项目包括转笔、立体和非魔术的纸牌特技等。

最为人所知的杂技形式为丢掷技,即在空中连环丢掷许多物体的杂技。在丢掷技中,最普遍的道具为特制的球、沙包、环、棒、帽子或弹球。有些表演者也会使用危险的物件如电锯、飞刀和火炬。

我看过的杂技节目有:＿＿＿＿＿＿＿＿＿＿＿＿＿＿＿＿＿＿＿＿＿

＿＿＿＿＿＿＿＿＿＿＿＿＿＿＿＿＿＿＿＿＿＿＿＿＿＿＿＿＿＿＿＿＿

＿＿＿＿＿＿＿＿＿＿＿＿＿＿＿＿＿＿＿＿＿＿＿＿＿＿＿＿＿＿＿＿＿

＿＿＿＿＿＿＿＿＿＿＿＿＿＿＿＿＿＿＿＿＿＿＿＿＿＿＿＿＿＿＿＿＿

　　江苏省建湖县庆丰镇是全国著名的杂技之乡，中国杂技艺术的"三个半"（河北吴桥、山东聊城、江苏建湖"十八团"，北京天桥为半个）发祥地之一。

"十八团"的由来

　　很久以前，庆丰镇有18个美丽的村庄。当时，一个自然村庄称为一个"团"。全镇南部有8个"团"，北部有10个"团"，故总称为"十八团"。另有一说，一个"团"就是一个杂技班子，庆丰共有18个杂技演出班子，故称历史上的庆丰镇为"十八团"。

　　自古迄今，"十八团"的沃土培育出了大批出类拔萃的杂技人才，如晚清时期的高国宝一家，不仅在国内很有名气，而且在日本演出时被誉为"高艺宝"。新加坡著名的大王球马戏团就是由"十八团"杂技艺人组成的。中国杂技有南北派之说，"十八团"杂技具有鲜明的南派特点，如：魔术（代表艺人石仲化）、顶碗（代表艺人王玉干）、滚杯（代表艺人项茹芹）等节目，或变化多端、神奇莫测，使人眼花缭乱，或轻捷柔软、绰约多姿，寓高难度动作于轻松之中，将单纯的技巧赋予生活情趣，再加上色彩鲜明的服装式样，新颖的道具，绚丽、优美、动听的伴奏，杂技与舞蹈形成了一个完善的艺术整体。这种力与美的巧妙结合，给人无穷的艺术享受（图6-5）。

图6-5　"十八团"杂技

❋ **传承与发展**

　　建湖杂技，传承不息。几十年来，建湖杂技多次参加江苏省、华东地区和国家举行的杂技比赛，并获得大奖。1984年，13岁的顶碗演员王玉干，在首届全国杂技比赛中获奖，文化部负责人在颁奖会上亲切地称她为"盐城的小顶碗"。1984年,由盐城市杂技团副团长卜金宽带领的杂技新秀王玉干、唐健、顾茹芹、陈晓红、陈芳、李步芳等应邀赴日本演出,所到之处,无不引起轰动。1986年,在华东地区举行的六省一市杂技大赛中,建湖杂技又获得了优异成绩。王玉干、唐健的《对手顶碗》夺得了一等奖;顾茹芹的《滚杯》和严海燕、陈晓红的《双人走钢丝》获得二等奖。1993年,卜金宽、吴一虹的《变脸》在央视《曲苑杂坛》栏目中播出。1995年,集体节目《春江花月》(图6-6)获第四届全国杂技大赛"银狮"奖。2001年,倪同辉的《软钢丝》在华东少儿杂技比赛中获金奖,冯竹、苗志祥的《软功》在首届江苏少儿杂技大赛中获金奖。

　　建湖"十八团"继承了民族杂技的优良传统,吸取了现代舞蹈、艺术体操等各类等精华,形成了独特的南派杂技风格,排练出一批批新颖、高雅的杂技节目。《对手顶碗》《双人走钢丝》《滚杯》《高车踢碗》《双人花坛》《敦煌造型》(图6-7)《变脸》《春江花月》等是建湖杂技的传统节目。《对手顶碗》被列入影片《杂技精英》中,在海内外放映。专题片《杂技故乡新苗壮》《沃土上的鲜花》先后在江苏电视台和中央电视台播映。近年来,建湖"十八团"先后多次赴日本、加拿大、斯里兰卡、孟加拉、波兰、新加坡等国家访问演出和参加国际杂技艺术交流活动,并多次为国外来华官员、企业家演出。

　　翻看建湖杂技历史,不仅能了解这一地区杂技的诞生、发展情况,而且能了解社会兴衰与百姓生活、文化演变状况。建湖杂技具有浓郁的乡土味,深受群众的喜爱。千百年来,杂技艺术在建湖这块土地上传承不息,是建湖人民的骄傲。为了进一步弘扬民族文化中这一璀璨的奇葩,为了传承和保护这一没有国界的世界文化艺术,2008年6月,建湖杂技被列入国家级非物质文化遗产保护名录,使建湖杂技这一珍贵的文化遗产得到了进一步保护和振兴。

图6-6　《春江花月》

图6-7　《敦煌造型》

> 请你做一回小记者,为杂技《春江花月》《敦煌造型》节目采写现场报道吧!

《春江花月》:

_____

_____

_____

《敦煌造型》:

_____

_____

_____

✳ 特殊的贡献

随着市场经济的发展,杂技从艺术舞台走向了经济舞台,担当起文化使者,为地方经济建设搭桥,为繁荣文化事业献技。在国内舞台上,建湖杂技团曾多次为江苏悦达集团、江苏一品梅卷烟厂、江苏森达集团等知名企业及省、市、县各级政府的中心工作服务演出;曾为"连云港之夏"旅游节、无锡马山国际钓鱼节、江苏电视台中德文化周、第三届全国城运会和第六届全国艺术节演出;曾在江苏电视台"春节文艺晚会""非常周末""超级震撼""夺标800"等大型娱乐节目中演出。在国际舞台上,建湖杂技团先后赴加拿大、新加坡、孟加拉、斯里兰卡、波兰、日本、韩国、意大利、阿联酋、叙利亚、沙特、法国等20多个国家和地区访问演出,既增进了友谊,又赢得了可观的市场效益。

自1984年文化部派遣盐城市杂技团赴日本访问演出,日本报纸以《中国的小顶碗》为标题对他们进行了大篇幅的报道以后,建湖杂技以其浓郁的民族特色和南派风格以及精湛的技艺焕发出熠熠光彩。《滚杯》《扛翻梯》《头顶技巧》等一批节目在省、华东地区和全国杂技大赛中频频获奖。其中,《对手顶碗》被收入影片《杂技精英》在海内外放映,专题片《杂技故乡新苗壮》《沃土上的鲜花》相继在江苏和中央电视台播放,精品力作《春江花月》在第四届全国杂技比赛中荣获"银狮"奖,是整个大赛中唯一参赛的县级杂技团并获此殊荣。他们先后编排的200多个节目,连续四届入围全国杂技比赛决赛。在江苏省、华东地区和全国杂技比赛中获得各类奖牌56块。其中《对手顶碗》《滚杯》《扛翻梯》《软钢丝》《春江花月》《坛韵》《太空畅想》《中国娃》《孔雀开屏》《美的旋律》《芭比与托比》《春蕾绽放》等节目，创意新、难度高，备受观众喜爱。他们的辛勤汗水结出了累累硕果，更是赢得了"盐城市文化工作先进集体""江苏省文化工作先进集体"和"全国杂技界德艺双馨荣誉单位"等多种荣誉称号。

> 俗话说"台上一分钟，台下十年功"，建湖杂技这些成绩的取得必定给了你许多新的启示吧！写下来，让它成为激励你奋进的座右铭。

我的座右铭：_____

_____

_____

_____

❋ 创新与展望

悠久的建湖杂技历史和灿烂辉煌的昨天是当今建湖杂技传承和发展的坚实基础。"血浓于水"，深深扎根于盐阜平原的杂技艺术，经过一代又一代人的共同努力，杂技人才始终薪火相传，杂技艺术堂堂正正走出建湖、走向世界。建湖县杂技团自1954年建团以来，先后培养了9届共300名杂技演员，创作节目200多个，连续4届入围全国杂技比赛，5届入选华东区比赛，有16个节目在省级以上比赛获奖，是全国唯一获得"银狮"奖的县级杂技团，为家乡人民争得了荣誉，多次受到省、市、县领导的表彰奖励。

国际间文化的交流和融合，给建湖县杂技艺术带来了新的机遇。建湖杂技曾多次受到文化部和省、市政府的派遣，先后到20多个国家和地区访问或商业演出。世界文化的交融，将进一步打开国门，使杂技艺术的交流越来越密切，进一步扩大了杂技演出的空间，给杂技艺术带来了难得的发展机遇。

经济的快速发展，越来越需要文化艺术强有力的支撑，杂技艺术为经济建设创造了良好的环境。近年来，建湖杂技积极参与地方经济活动，多次为外商、外宾演出，多次为本地区的大中型企业的经贸活动提供服务。1998年以来，配合建湖县委、县政府成功举办了三届"烟花杂技节"（图6-8），建湖杂技已成为建湖县对外经济文化交流的桥梁和纽带，为提高和扩大建湖的知名度，扩大对外交流，服务地方经济建设发挥了重要的作用。

图 6-8　中国·(盐城)建湖第二届烟花杂技节开幕式

 宣传角

快来为建湖杂技写几句宣传语吧！让大家都来关注她,了解她！

我的宣传语：_____

_____

_____

_____

 相关链接

建湖杂技《龙腾虎跃》被省选中

参加"和谐颂"江苏省庆祝人民政协成立 60 周年专场文艺演出

2009 年 7 月 31 日下午,江苏省广播电视总台著名导演言人一行,与省、市、县政协领导一起,来盐城杂技团为江苏省政协成立 60 周年大型庆典晚会选调节目。经过认真审看和筛选,杂技节目《龙腾虎跃》(图 6-9)被选中,这是盐城市杂技团继大型情景魔术《梦幻情思》在省魔术大赛中获奖后的又一个精品节目,是该团一

图 6-9　《龙腾虎跃》

年多来实施品牌战略、打造杂技精品的丰硕成果。

（以上材料选自中国建湖网,2009 年 8 月 4 日,有改动）

✳ 实践活动　走近杂技

1. 活动准备

（1）实地参观。

（2）采访建湖县杂技团的老师和学生,做好记录。

2. 活动过程

（1）全班同学分组查阅资料,确定采访对象。

（2）搜集人物资料,拟定采访问题。

（3）活动期间,各小组同学互相交流。

我与＿＿＿＿＿＿同学的交流：

_____

_____

_____

3. 活动小结

（1）以小组为单位,举办"走近杂技"专题汇报会,汇报"走近杂技"活动的收获,可以用口头汇报形式,也可以用图像文字汇报形式。可邀请老师、外班同学和家人参加。

我们采取了这样的汇报形式：

_____

_____

（2）就这次专题汇报会的感受,写一篇小通讯,在校内外有关媒体上发表。

_____

_____

_____

_____

第七章　人物篇

这是一片英雄的土地,自古以来,建湖地区就是一个物华天宝、人杰地灵的宝地。千百年来,这里先后诞生了南宋左丞相、民族英雄陆秀夫,明英宗年间镇国大将颜彪,清初大名士孙一致,晚清爱国诗人陈玉澍,抗日将领陈中柱、马玉仁以及当代名人陈中凡、乔冠华等。他们像一盏盏明灯,点亮了漆黑的夜空;他们像一支支进行曲,跳跃着激情的音符,激励着水乡儿女豪迈前进!

在我们的县城有两条分别以人名命名的道路,你知道是哪两条道路吗?

第一节　群英荟萃

✳ 史海沉钩

"江山代有才人出,各领风骚数百年"。水乡建湖,自古人文荟萃,文化底蕴深厚。千百年来,这里先后诞生了"当为国死"而负帝蹈海的南宋左丞相、民族英雄陆秀夫,晚清爱国诗人陈玉澍,抗日将领陈中柱和马玉仁,笑震联大的著名外交家乔冠华,飞天第一华人王赣俊等。

建湖,因名人辈出孕育了深厚的文化底蕴;建湖,也因名人辈出而享誉全国;建湖,更为拥有这些名人而倍感自豪。

陆秀夫(1236—1279),江苏省盐城市建湖县建阳镇(古称长建里)人,南宋名臣、民族精英。祥兴二年(1279年),元军攻破厓山,陆秀夫背负怀藏玉玺的幼帝赵昺,从容投海殉国,谱写了一曲抗敌御侮、舍身为国的爱国主义悲壮乐章。陆秀夫是盐城历史上第一位宰相也是第一个配祀孔庙的建湖人。其负帝蹈海、为国尽忠的行为,是高尚的民族气节和爱国主义精神的集中表现,是世世代代建湖人的自豪(图7-1)。

你知道家乡人民为纪念陆秀夫而修建的陆公祠和纪念馆分别在什么地方吗?

图7-1　陆秀夫

陈玉澍(1852—1906),清末著名爱国诗人,原名玉树,字惕庵,江苏省盐城市建湖县上冈镇人。清光绪十四年(1888年)中举人。他爱好写诗,其诗中充满爱国激情。中日甲午战争爆发时,他一连写了几十首诗,痛斥日本的侵略行径,抨击清政府的无能,歌颂为国捐躯的将士。其诗中还洋溢着唯物论的战斗精神,如《戏题寺壁》《七夕》都很有名。他拥护当时的维新变法,著作有《卜子年谱》《后乐堂文钞》《后乐堂诗钞》等。

七绝二首:咏"七夕"

陈玉澍

驾得长桥鹊影寒,限人离别是狂澜。
娲皇若未将天补,漏尽银河水不难。

纵使天钱未易酬,何妨两度会牵牛。
他年我入钦天监,闰月都教在孟秋。

> 读一读诗歌,你能理解它们的内容吗?可以向老师请教。

陈中柱(1906—1941),字退之,今江苏省盐城市建湖县草堰口镇堰东村人,青少年时因家贫,初中毕业即去上海做童工;1927 年去南京考入江苏警官学校;后又转入南京军官研究班进修,1930 年结业时编属黄埔军官学校第六期。

抗日战争爆发后,他积极投身抗日救亡运动,组织沿津浦线的铁路员工和学生,成立战地服务团,被委任为少将团长,率部在津浦线上发动群众组建抗日武装,先后参加过著名的台儿庄会战和大洞山战役。1938 年底,被委任为国民党鲁苏皖边区游击总指挥部第四纵队少将司令官。1941 年 6 月,他在泰州兴化县武家泽对日作战中牺牲,

图 7-2　陈中柱

时年 35 岁。抗战胜利后,被国民政府追授为中将军衔;1987 年 2 月被江苏省人民政府追认为革命烈士。陈中柱是在抗战中牺牲的军衔最高的盐城籍军人(图 7-2)。

1941 年夏,日军对苏中、苏北展开了第一次大规模"扫荡",6 月 7 日,占领泰州的日军南部襄吉的部队突然袭击陈中柱部队驻地,陈中柱身先士卒,奋力拼杀,但因已陷入敌人的重重包围之中,终在孤军奋战到弹尽援绝之后,在武家泽遭日军机枪密集扫射,身中六弹壮烈牺牲。战斗结束后,日伪军发现了他的尸体,凶残地把的他头颅割下来带回泰州。

陈中柱将军的夫人,王志芳女士闻得噩耗后,立即强忍悲痛,带着女儿,奔赴战地,经过多方努力,加上社会舆论的强烈支持,终于讨回丈夫首级,使得将军得以全身入殓,葬于泰州西门外。

1987 年,盐城市人民政府报江苏省人民政府批准,追认陈中柱将军为革

命烈士,并于同年将烈士墓迁至盐城市烈士陵园。

陈中柱将军遗孀王志芳、女儿陈璞、遗腹子陈志旅居澳大利亚,始终情系家乡。1999 年,定居澳大利亚的王志芳女士及子女捐资 30 万元人民币在将军家乡草堰口中学设立教育奖励基金。2006 年,在将军诞辰 100 周年之际,草堰口中学更名为中柱中学,王志芳女士及女儿陈璞向中柱中学捐赠了 5 万澳元(折合人民币约 30 万元)。

悼陈中柱将军

陈金鹏

将军同姓亦同宗,抗日前沿亮剑锋。

敢掷头颅救祖国,名留千古悼英雄。

马玉仁(1875—1940),原名曰能,字伯良,江苏省盐城市建湖县高作镇马家滩(今建湖县高作镇陆沟村马家墩)人,马玉仁是位传奇人物,既做过"盐匪",闹过"马党",也剿过土匪;解甲归田后,热心围垦开荒,兴修水利,发展工商;晚年在极为艰难的情况下,请缨抗日,直至壮烈牺牲(图7-3)。

抗日战争爆发后,马玉仁目睹日军实行"三光"政策的残暴,他热血沸腾,曾说:"天下兴亡,匹夫有责,正为男儿立志时,吾老矣,吾尤将吾未亡

图7-3 马玉仁

之躯,奔赴疆场,马革裹尸,何所惧哉!"有人劝他不要冒这个险,他说"山河破碎人心碎,日月不圆我火燃""我就是要找这个好死场",遂集训佃户中青壮年,准备抗日。不久,蒋介石任命马玉仁为苏鲁战区第一路游击司令。他集资购买武器弹药,自费抗日,孤军转战海口与阜城之间,每次战斗,必身先士卒。一年多时间里,马玉仁率部与日军作战十多次,比较激烈的有 6 次,共毙伤日伪军 80 多人,击毁日军汽艇 1 艘,除掉劝降的汉奸、马部参谋长金新吾,枪毙为非作歹的嫡侄马益华,他反复告诫所部官兵,"谁当汉奸,我就打死谁!"伸张了正义,鼓舞了士气。

1940 年 1 月 3 日,马玉仁在新吴乡合尖(今陈洋镇新条村)和日军战斗时,开始战士畏惧,不敢冲锋,马玉仁身先士卒,手举冲锋枪,冲在最前面,边冲边喊"子弹不打有福的孩子",不幸小腿受伤,腹部中弹,他料到这次性命难保,便解下围巾,包了自用手枪、怀表等物品,抛出丈外,以免被日军识破受辱,终因流血过多,英勇献身,时年 65 岁。

抗日战争胜利后,国民政府军事委员会追认马玉仁为陆军中将。

革命的成功离不开那些抛头颅、洒热血的英雄豪杰们,他们有的甚至连名字都没有留下来。访一访,你的身边还有哪些有名的或是无名英雄的事迹?选择最精彩的内容记录下来吧!

群 英 卡

姓名:＿＿＿＿＿＿＿＿＿＿

感人的事迹:＿＿＿＿＿＿＿＿＿＿＿＿＿＿＿＿＿＿＿＿＿＿＿＿＿＿

＿＿＿＿＿＿＿＿＿＿＿＿＿＿＿＿＿＿＿＿＿＿＿＿＿＿＿＿＿＿＿＿＿＿

＿＿＿＿＿＿＿＿＿＿＿＿＿＿＿＿＿＿＿＿＿＿＿＿＿＿＿＿＿＿＿＿＿＿

你最欣赏他是因为:＿＿＿＿＿＿＿＿＿＿＿＿＿＿＿＿＿＿＿＿＿＿＿＿

＿＿＿＿＿＿＿＿＿＿＿＿＿＿＿＿＿＿＿＿＿＿＿＿＿＿＿＿＿＿＿＿＿＿

图7-4 乔冠华

乔冠华(1913—1983),江苏省盐城市建湖县庆丰镇东乔村人。早年留学德国,获哲学博士学位。抗日战争时期,主要从事新闻工作,撰写国际评论文章。1942年秋,到重庆《新华日报》主持《国际专栏》,直至抗战胜利。1946年初,随周恩来到上海,参加中共代表团的工作,同年底赴香港,担任新华社香港分社社长。中华人民共和国成立后,历任外交部外交政策委员会副主任、外交部部长助理、外交部副部长、外交部部长等职。1976年后,任中国人民对外友好协会顾问。1971年11月,中国在联合国的合法席位恢复后,第一次率中国代表团出席第26届联合国大会并在大会上发表讲话,全面阐述了中国的外交政策。自此至1976年,均以中国代表团团长身份出席历届联合国大会(图7-4)。

王赣骏(1940—),祖籍江苏省盐城市建湖县沿河乡塘南村(王家舍),出生于江西省南昌市。幼年在上海正志小学就读。1950年随父母去台湾,后随其母亲赴美国就读加州大学洛杉矶分校,获得物理学博士学位。1984年6

月,王赣骏被选为第一位到太空操作自己设计实验的"搭载专家"。1985年4月29日至5月6日,他乘"挑战者"号航天飞机进入太空,主持"零地心引力的液体状态"(又称无重状态下研究液滴状态)实验,获得成功,成为世界上第一位进入太空的华人(图7-5)。

图7-5　王赣骏

 资料链接

　　1985年7月,一位美籍华人在北京受到我国领导人的接见。他就是世界上首次进入太空的华人,著名的物理学家王赣骏博士,他还将带上航天飞机的一面五星红旗赠送给我国领导人。

　　王赣骏祖籍建湖县沿河乡塘南村(王家舍),1940年出生于江西省南昌市,1963年从台湾赴美国留学,1967年在加利福尼亚大学洛杉矶分校物理系毕业,翌年获硕士学位,后在该校研究院深造,攻读固态物理、流体力学和声学。1971年获博士学位后在母校任助理教授一年,1972年任加利福尼亚理工学院喷气推动实验室主任兼加利福尼亚大学客座教授。1976年,美国国家航空和航天局征求太空科学实验计划,他提出的"旋转中的液体平衡状态"研究计划在1980年获得通过,成为500多个应征实验方案中14个入选者之一。

　　当谈到事业成功的体会时,王赣骏说:"海外有些人总看不起我们这个民族,我从小就不服气。正是这种压力,逼着我去力争干一番事业给他们看看。比如登太空,在美国有专门的宇航员,一个科学家要把自己的科研项目带上太空,要么交给专业宇航员去做,要么自己艰苦训练,亲自上去做实验。正是争气的决心,使我选择了后者。"

　　1987年7月,王赣骏偕夫人冯雪平女士回大陆探亲访友,去苏州祭扫了外祖母的墓地,访问了他30多年前就读的上海正志小学(现为上海市常熟路小学)。离开大陆时,他还带上了盐城故乡的一包泥土,在途经台湾的时候,赠送给了台湾盐城同乡会。

还记得我国"神舟"系列航天英雄的名字吗? 一起来完成航天英雄档案卡吧!

航天英雄档案卡

姓名:＿＿＿＿＿＿＿＿＿

籍贯:＿＿＿＿＿＿＿＿＿

感人事迹:＿＿＿＿＿＿＿＿＿＿＿＿＿＿＿＿＿

＿＿＿＿＿＿＿＿＿＿＿＿＿＿＿＿＿＿＿＿＿＿＿＿＿

＿＿＿＿＿＿＿＿＿＿＿＿＿＿＿＿＿＿＿＿＿＿＿＿＿

✳ 实践活动　寻找建湖历史名人

1. 活动准备

(1) 分小组讨论,制订"寻找建湖历史名人"活动计划,包括活动的目的、时间、地点、内容及流程安排。

活动目的:＿＿＿＿＿＿＿＿＿＿＿＿＿＿＿＿＿

＿＿＿＿＿＿＿＿＿＿＿＿＿＿＿＿＿＿＿＿＿＿＿＿＿

活动时间、地点:＿＿＿＿＿＿＿＿＿＿＿＿＿＿

活动流程:＿＿＿＿＿＿＿＿＿＿＿＿＿＿＿＿

＿＿＿＿＿＿＿＿＿＿＿＿＿＿＿＿＿＿＿＿＿＿＿＿＿

＿＿＿＿＿＿＿＿＿＿＿＿＿＿＿＿＿＿＿＿＿＿＿＿＿

＿＿＿＿＿＿＿＿＿＿＿＿＿＿＿＿＿＿＿＿＿＿＿＿＿

(2) 采访身边的老人,走进有关名人故居、纪念馆,或上网查阅有关材料,了解相关历史名人的成长故事、主要事迹、相关作品等,搜集并整理成详细的资料。

2. 活动过程

(1) 全班学生分组走访周围的老人,上网查阅相关资料,了解家乡有哪些历史名人。

（2）建立研究小组走进名人纪念馆、故居，开展实地走访考察活动。

行动小方案

时间：_____

地点：_____

参与人员：_____

（3）搜集有关名人的资料（包括图片、成长故事、主要事迹等），做好详细记录，并写下自己的感受。

 活动小结

（1）整理搜集的资料与考察记录，在老师的指导下撰写人物故事。

（2）以小组为单位，举办"我心目中的历史人物"专题汇报会，汇报"寻找建湖历史人物"活动的收获。

我心目中的历史人物

姓名：_____

主要事迹：_____

_____

_____

我的感受：_____

_____

第二节　铁骨铮铮

❋ 历史隧道

在宋元交替之际,当南宋的帝后辅臣们向元朝屈膝投降、忍辱求生的时候,在东南沿海怒火燃烧的土地上,却站起了大批铁骨铮铮、力挽狂澜的忠义之士。他们用自己的生命,谱写了一首首壮丽的诗篇。受命于危难之际的陆秀夫,便是这个拼死抗争的群体中杰出的代表。

陆秀夫(1236—1279)(图7-6),字君实,楚州盐城(今江苏省盐城市建湖县建阳镇)人,是中国历史上一位著名的民族英雄,也是南宋末年的最后一任宰相。他三岁随父母迁居镇江朱方镇(今镇江市丹徒县境内)。稍长,从其乡人二孟先生习举业,后寄读于镇江市南郊鹤林寺。

他13岁时入建阳读书精舍攻读,不仅聪明好学,而且常以史书上的"清廉官吏"和"节义之士"为榜样,激励自己,因此品学兼优,进步很快。15岁时,陆秀夫回故乡盐城县乡试,得贡生,补太学谍,18岁魁省元,宝祐四年(1256年),陆秀夫21岁时,与后来留下传世警句"人生自古谁无死,留取丹心照汗青"的文天祥同榜考取了进士。其时,南宋名将、两淮制置安抚使李庭芝镇守扬州,慕陆秀夫才名,聘为幕僚。陆秀夫沉着机智,办事干练,深得李庭芝器重,不久即升为主管机宜文字,后又擢升为参议官。咸淳九年(1273年),元军攻破了坚守6年之久的襄阳和樊城,打开了长江的门户。德祐元年(1275年),元军水陆并进,深入江浙腹地,常州、苏州、建康(南京)相继失守。淮南官吏纷纷弃职逃亡,而陆秀夫及其幕友仍坚守,积极备战。李庭芝见其忠义可嘉,就保荐入京,任司农寺丞,不久又升迁为宗正少卿兼起居舍人,次年再次晋升为礼部侍郎。

德祐二年(1276年),陆秀夫奉命和刑部尚书夏世林、兵部侍郎吕师孟一起出使元营一年。在与元使谈判过程中,陆秀夫坚持民族气节,

图7-6　陆秀夫铜像

威武不屈,严词拒绝元使提出的屈辱条件,和谈"不成而返"。五月,元军攻陷临安(杭州)。恭宗赵㬎和太后谢道清率百官奉表出降。陆秀夫与苏刘义等人由海路追随幼主广王、益王去温州,并派人召集重臣陈宜中、大将张世杰,共同拥立广王在福州称帝,史称端宗,改元景炎。陆秀夫任端明殿大学士,签书枢密院事。此后,各地义军纷起响应,次第恢复一些失地,国势一度趋向好转。景炎二年(1277年),元军水陆并进,迅速占领广东全境。九月,陆秀夫奉端宗,偏安潮州浅湾,后又将南宋朝廷迁上船队,仍然坚持抗元斗争。次年四月,11岁的端宗在舟中得惊风病死去,群臣悲观失望,皆欲散去,陆秀夫振臂疾呼:"度宗皇帝一子尚在,将焉置之?古人以一旅(500人)一成(方10里)中兴者,今百官有司皆具,士卒数万,天若未欲绝宋,此岂不可为国耶?"于是拥立8岁的益王为帝。这时,陆秀夫进为左丞相,与太傅张世杰,少保文天祥共秉朝政。祥兴元年六月,迁海上朝廷至广东新会县以南的厓山海面,仍艰难地坚持抗元斗争。此时的陆秀夫,外筹军旅,内调工役,有力地支持张世杰、文天祥的军事斗争,多次挫败元军进攻,支撑着风雨飘摇的南宋政权。

祥兴二年(1279年)二月,宋元两军进行最后一次殊死决战,这就是悲壮激烈的厓山海战。陆秀夫在宋军全军覆灭的情况下,背负幼主,腰垂金印,从容投海殉国,时年43岁。随之赴海就义者有万余人,7日后,尸出海面,当地渔民冒着生命危险,将其遗体收葬于厓山以北的青径口(今广东饶平县境)。

人们为了纪念这位与国共存亡的民族英雄,在广东潮州、潮阳、福建莆田县嵩山等地都建造了陆秀夫的衣冠冢。明朝万历四十七年(1619年),陆秀夫被追谥为忠烈公。

请了解并整理"喜得书灯"的故事。

题鹤林寺

陆秀夫

岁月未可尽,朝昏屡不眠。
山前多古木,床上多残编。
放犊饮溪水,助僧耕禾田。
寺门久断扫,分食愧农贤。

请你谈谈读陆秀夫《题鹤林寺》的感想:＿＿＿＿＿＿＿＿＿＿

_____

一、陆公祠(图7-7)和陆秀夫纪念馆(图7-8)

盐城,是陆秀夫的故乡,千百年来,故乡的人们一直难以忘却这位先辈乡贤。在建湖县建阳镇,人们把陆秀夫生前捐资修建的木桥,依陆氏宗祠的堂号,定名为"景忠桥",并在其就读的地方,立了一方"宋丞相陆忠烈公读书处"的石碑。在盐城市西南郊建有陆秀夫"衣冠冢",墓前刻石立碑:"宋左丞相陆君秀夫墓。"明、清两朝,前来墓前凭吊者甚众。明天顺年间,吏部尚书李东阳《吊陆丞相》诗云:"国亡不废君臣义,莫道祥兴是靖康。奔走耻随燕道路,死生唯着宋冠裳。天南星斗空沦落,水底鱼龙欲奋扬。此恨到今犹不服,厓山东下海茫茫。"清顺治年间,山西应州训导沈汉《吊陆丞相》诗云:"先生信国两谁磨,我欲同歌正气歌。塞马千山横铁笛,楼船一片卧金戈。兵栖粤岭流星殒,泪溅厓门古血多。至此君臣同不死,紫澜时触海中波。"

陆公祠始建于明洪武年间,为飞檐琉瓦祠宇建筑,东西宽七丈三尺,南北长二十一丈六尺五寸,分前门、正殿、后院三进,有"仰止堂""表忠亭""中流砥柱坊",嘉靖十七年(1538年)重建,又增建了"浩然堂"。祠内立有"陆忠烈公故里"石碑,正面刻"海国孤忠"四字。祠内还保存有多块石刻诗碑,为明清两朝官员和文士瞻仰陆公祠之作。

图7-7　陆公祠

明天启年间,盐督苏茂相作《陆丞相祠》诗曰:"浮海南奔拥六飞,孤臣血泪洒朝衣。石衔精卫心犹壮,鼎抱龙髯愿不违。粤屿草荒枢密冢,厓门花满侍郎矶。可怜旧国还祠庙,正笏忠魂归未归?"清康熙年间,翰林检讨邱象随《望陆丞相祠》诗云:"翠华又拥大洋中,独恨昏天起飓风。幸海朝廷原不辱,飞龙历数竟无终。徒将心力过张许,却使功勋让邓冯。遥望寒潮打祠屋,犹依蜃市认行宫。"

抗战期间,陆公祠一度被毁。新中国成立后在原址按原貌重建,"文革"期间,曾被占为职工宿舍,遭严重破坏。1984年,盐城市人民政府拨款重新修复,对外开放。现前门上悬武中奇题"陆公祠"石刻横额,正殿"仰止堂"由刘海粟题,供奉周振咸创作的陆秀夫大幅绢画像。后院"浩然堂"为李敦甫题,内悬张爱萍上将题写的"海嶽忠贞"横匾,中为彭英创作的陆秀夫全身塑像,四壁为曹晋杰、吴继平合作的介绍陆秀夫生平的24幅巨幅连环画。东、西厢房陈列陆秀夫的遗稿和遗墨等文物,极为珍贵。游人至此,无不崇敬这位坚持抗元、负帝蹈海、与国共存亡的民族英雄。

2009年,在陆秀夫诞辰771周年之际,盐城市人民政府对陆公祠进行了扩建,并于11月24日举行了隆重的开馆仪式。本次修复扩建,注重建筑整体风貌,钩沉南宋符号,体现明、清特色。新建的"浩然堂"展现的是陆秀夫13年戍边、6年在朝廷任职的从政生涯。除了四壁多幅连环画外,"驰援襄阳"的沙盘模型、"义斥伯颜"的蜡像和"追拥二王"的微缩场景等从不同角度展现了陆秀夫的浩然正气。"正祠堂"内,一座陆秀夫的青铜坐像取代了原来的站像,坐像神态自然,更添威严。"仰止堂"中运用投影仪、液晶电视等多媒体工具再现了宋元"崖山海战"场景。

在陆秀夫的家乡建湖县建阳镇,历史上,人们为纪念陆秀夫,建有忠烈堂、景忠堂、景忠坊、景忠桥、陆秀夫读书处、景忠书院等纪念性建筑,可惜大都毁于日军侵华的炮火。进入21世纪,家乡人民为了纪念民族英雄,弘扬爱国主义精神,在忠烈堂旧址启动了陆秀夫纪念馆建设工程,并于2003年建成

图7-8　陆秀夫纪念馆

了忠烈堂、读书处、碑林和盐城市陆秀夫研究会办公用房等，完成了陆秀夫纪念馆首期建设工程，并正式对外开放。主建筑忠烈堂的正厅供有陆秀夫坐像；东厢陈列陆秀夫生平事迹图片；西厢陈列盐城、澄海、厓山、南澳、深圳等地陆秀夫纪念馆建筑彩照。陆氏读书精舍内，陈列有陆秀夫的遗著、手迹（影印件）等文物，有些文物乃第一次公开面世。从全国各地征集而来的200多幅名人书画，分别布置在陈列馆内。碑廊所勒石的一批墨宝，涵盖了全国31个省、自治区、直辖市和港澳台地区的名家书法作品。

> 你去过陆公祠和陆秀夫纪念馆吗？请你根据上面的资料为它们设计几句宣传语，让更多的人知道它们、走进它们、了解它们。

我设计的宣传语：

_____

_____

二、庙门朝北的传说

从前，一般土地庙的庙门都是朝南的，唯独建阳镇的土地庙庙门都朝北。据传这与当地人怀念陆秀夫有关。南宋末年，陆秀夫以身殉国后，故乡建阳镇的乡亲们悲痛不已，镇上一位90多岁的周姓老人，一天在睡梦中见到陆秀夫回到故里，丞相嘱咐老人，如今北方元军野心勃勃，妄图霸占中原，闹得国无宁日，他已拜会过土地神，请诸位正神把土地庙门改向朝北，这样可以多管一方，好监视北方元军的入侵，同仇敌忾，共济国难。第二天，老人把梦中见到陆丞相的情景和丞相的嘱托告诉大家，乡亲父老无不为陆公忠心报国、死而后已的精神所感动，一致认为，只有按照丞相的嘱托，才能告慰忠烈的在天之灵。当天，乡亲们就纷纷捐资、献料，把建阳镇的5座土地庙的庙门全部改成朝北向。新中国成立后，土地庙已被拆毁，但建阳一带至今仍然流传着"土地老爷门朝北——多管一方"的歇后语。

> 如今，建湖民间仍然留传着关于陆秀夫的许多故事。如"爱吃御饼""造墨水桥""九龙殉难""九龙口祭奠"等。请搜集相关资料，再讲给同学听一听。

我搜集的故事：_____

_____

_____

✳ **实践活动**　传承秀夫文化　弘扬民族精神

1. 活动准备

（1）制订"传承秀夫文化　弘扬民族精神"活动计划,包括活动的时间、地点、内容及流程安排。

活动时间、地点：_____

活动流程：_____

_____

_____

_____

_____

（2）成立活动小组,明确任务分工,开展调查活动。

全班同学按照自己的兴趣、特长、自身便利条件等分为四个小组,并将调查结果填入表7-1。

表7-1　活动调查情况

组别	组长	调查重点	人员分工
第一组		陆秀夫刻苦读书方面的事例	
第二组		陆秀夫爱国忧民的事例	
第三组		陆秀夫关注民生的事例	
第四组		与陆秀夫有关的饮食文化	

（3）时间安排：

活动时间历时5周。第1~3周进行资料搜集和调查活动;第4周进行资料整理;第5周进行成果展示。

2. 活动过程

（1）全班同学分组查阅资料,并进行整理,形成初步的研究成果。

（2）成果展示。各小组成员汇报交流前一阶段调查研究的成果,其他小组成员相互质疑、辩论,评委作出评价。

我的发现：

_____

_____

_____

_____

3. 活动小结

（1）根据走访、调查的资料以及交流汇报的感受，为前来陆公祠或陆秀夫纪念馆参观的游客写一篇解说词。

（2）以小组为单位，举办"民族精神代代传"专题汇报会，汇报"传承秀夫文化 弘扬民族精神"活动的收获。

我的收获：

_____

_____

_____

_____

第三节 笑彻联大

✳ 历史隧道

1971 年 10 月 25 日,联合国大会以压倒性多数票通过决议,恢复了中华人民共和国在联合国的一切合法权利,蒋介石的代表不得不黯然退出了联大会场。被阻挠 22 年之后,新中国终于扬眉吐气,正如乔冠华那灿烂的笑容,以应有的姿态站在了国际舞台之上。

乔冠华(1913—1983),江苏省盐城市建湖县庆丰镇东乔村人,早年留学德国,获哲学博士学位。抗日战争时期,主要从事新闻工作,撰写国际评论文章。1942 年秋到重庆《新华日报》主持《国际专栏》,直至抗战胜利。1946 年初随周恩来到上海,参加中共代表团的工作,同年底赴香港,担任新华社香港分社社长。中华人民共和国成立后,历任外交部外交政策委员会副主任、外交部部长助理、外交部副部长、外交部部长等职。1976 年后,任中国人民对外友好协会顾问。1983 年 9 月 22 日因患肺癌去世。

乔冠华 5 岁时入其二叔乔守清的家塾读书,学习勤奋刻苦,《三字经》《百家姓》《千字文》《神童诗》《千家诗》以及四书五经、《古文观止》等无不熟读。10 岁随二哥乔冠鳌进入设在裴刘庄的三丰市第一小学插班读高小,12 岁小学毕业,随后在亭湖中学、淮美中学、淮安中学和钟南中学读书。乔冠华之所以不断变换中学,是因为他积极参加爱国学生运动,三次被校方开除。他被学校开除一次,换一个中学就跳一级,四年读完了中学六年的功课,16 岁以优异的成绩考入清华大学。乔冠华在淮美中学读书时,就参加了中共地下党组织的读书社,宣传反帝反封建思想。1927 年夏,北伐军进抵盐城时,他和读书社成员在淮美中学举行了欢迎大会。

1931 年"九一八"日军侵华事变发生后,乔冠华在清华大学学生中,大胆揭露蒋介石"先安内,后攘外"的不抵抗政策的反动实质,发动同学撰文控诉国民党葬送国土及杀害进步青年作家的罪行。1933 年在日本留学期间,乔冠华曾参与日共的秘密活动,被日本警方逮捕并驱逐出境。后去德国留学,参加了中国留德学生抗日救亡组织——反帝大同盟的活动。24 岁获得德国杜宾根大学哲学博士学位。

1937 年"七七卢沟桥事变"后,乔冠华从德国学成回国,投身于抗日救亡运动。1939 年在香港由廖承志、连贯介绍加入中国共产党，历任香港《时事晚报》主笔、《华商报》《大众生活》编委等职。1941 年香港沦陷前夕，他又奉命到重庆，在《新华日报》工作。在香港、重庆期间，乔冠华撰写了不少精辟的政论文章，纵论国际和国内形势。毛泽东曾说过，"乔老爷（对乔冠华的爱称）"的一篇国际述评文章，"可顶战场上的几个坦克师"。评价之高，于此可见。

你知道毛泽东主席曾经称赞过的盐城"二乔"是指哪两位名人吗?

抗日战争胜利后，乔冠华随周恩来赴上海，参加中共代表团工作，同时负责创办英文版《新华周报》。至 1946 年年底，奉命再赴香港，先后担任中共香港工委委员、《华商报》社务委员、新华社香港分社社长等职。

新中国成立后，乔冠华调任中央人民政府政务院办公厅副主任，外交政策研究委员会副主任，新闻总署国际新闻局局长，外交部亚洲司代司长，外交部部长助理，副部长，部长，中国人民对外友好协会顾问，中国人民外交学会副会长等职。在外交部任职期间，乔冠华曾受命代表新中国赴纽约，在联合国安理会上控诉美国武装侵略台湾议案的讨论，并随周恩来、陈毅、邓小平等党和国家领导人、老一辈外交家多次出国访问，参加两次日内瓦会议、万隆会议以及朝鲜板门店停战谈判、中苏边界谈判等活动。

1971 年 10 月，联合国大会恢复我国在联合国的一切合法权利，中共中央、国务院即委派乔冠华为出席第 26 届联大的中国代表团团长。11 月 15 日，他代表新中国以联合国常任理事国的身份，首次登上联合国大会讲坛。从那以后，直到 1976 年的历届联大，都由他担任团长，率领中国代表团出席会议（图 7-9）。

图 7-9　乔冠华在联合国大会会议上

查阅相关资料，了解万隆会议、日内瓦会议以及我国恢复联合国合法权利的相关历史背景。

乔冠华故居和乔冠华墓

在建湖县城向东五六公里的庆丰镇,有个东乔村,该村西傍东塘河,地处204国道和盐淮公路之间,水陆交通便利。村中有座大院,青砖小瓦,龙脊花墙,风格古朴,典雅大方。这便是当代著名外交家乔冠华的故居(图7-10)。

乔冠华故居主屋坐北朝南,明三(间)暗四(间),东厨西厢,为清代所建。乔冠华就在这里度过了他的童年和少年时代,院子门额上方镌刻着"乔冠华故居"五个遒劲有力的大字。北墙正中悬挂着乔冠华大幅半身照,墙壁上挂有乔冠华生平简介和乔冠华参加革命近半个世纪的历史图片。室内还陈列着乔冠华的部分遗物、著作及生前生活、办公用品等。西房楼阁上,是乔冠华读书时代的卧室,有一张单人木边竹心床,两头搁在板凳上,床边有一只小柜,都是原物原样摆放。

图7-10 乔冠华故居

乔冠华去世后,他的续弦夫人章含之(著名爱国民主人士章士钊的螟蛉女,系北京外国语学院教授,原任外交部美洲司司长)两次来建湖,了却了乔冠华离家50年的回乡梦,运回了乔冠华的部分遗物,如主屋里的衣橱、书柜和沙发以及他的生活照、工作照等。她送来的虽是几件旧物,却寄托了乔冠华对故乡人民无限眷念的赤子深情。

乔冠华墓(图7-11)位于苏州东山藤湾湖村东侧山坡,依山势筑有5米见方的墓基,用平常的紫砂石砌成,基座用色彩饱满的太湖卵石铺就,两侧依次栽桂花、扁柏、瓜子黄杨，两两相对，后面是一排塔松，塔松前有丈许雪松二株。中央立有深色大理石卧碑，上刻黄苗子隶书"乔冠华同志之墓(1913—1983)"，碑的下部，还刻有乔冠华最喜爱的文天祥的诗句："人生自古谁无死，留取丹心照汗青"。

图7-11 乔冠华墓

> 作为一名建湖人，让我们做一个"志愿者"到乔冠华故居做一个小导游吧！

我的介绍：

_____

_____

✳ **实践活动**　追寻先辈的足迹　争做时代新人

1. 活动准备

（1）制订"追寻先辈的足迹　争做时代新人"活动计划，包括活动的时间、地点、内容及流程安排。

活动时间、地点：_____

活动流程：_____

_____

_____

（2）成立活动小组,明确任务分工,开展调查活动。

2. 活动过程

（1）全班学生分组查阅资料,了解乔冠华的生平资料。

（2）上网搜集乔冠华从事外交活动的详细资料(包括图片、文字资料)。

（3）赴乔冠华故居进行参观,并做好现场记录,写下自己的参观感受。

参观时间:＿＿＿＿＿＿＿＿＿＿＿＿＿＿＿＿＿＿＿＿＿＿

参观过程:＿＿＿＿＿＿＿＿＿＿＿＿＿＿＿＿＿＿＿＿＿＿

＿＿＿＿＿＿＿＿＿＿＿＿＿＿＿＿＿＿＿＿＿＿＿＿＿＿＿＿

＿＿＿＿＿＿＿＿＿＿＿＿＿＿＿＿＿＿＿＿＿＿＿＿＿＿＿＿

＿＿＿＿＿＿＿＿＿＿＿＿＿＿＿＿＿＿＿＿＿＿＿＿＿＿＿＿

参观感受:＿＿＿＿＿＿＿＿＿＿＿＿＿＿＿＿＿＿＿＿＿＿

＿＿＿＿＿＿＿＿＿＿＿＿＿＿＿＿＿＿＿＿＿＿＿＿＿＿＿＿

＿＿＿＿＿＿＿＿＿＿＿＿＿＿＿＿＿＿＿＿＿＿＿＿＿＿＿＿

＿＿＿＿＿＿＿＿＿＿＿＿＿＿＿＿＿＿＿＿＿＿＿＿＿＿＿＿

3. 活动小结

（1）整理搜集的资料与参观记录,在老师的指导下写好活动小结。

（2）以小组为单位,举办"追寻先辈的足迹 争做时代新人"专题汇报会,汇报活动的收获。

你想用什么方法表示对先辈的缅怀呢?

我想:在生活中,＿＿＿＿＿＿＿＿＿＿＿＿＿＿＿＿＿＿＿＿

＿＿＿＿＿＿＿＿＿＿＿＿＿＿＿＿＿＿＿＿＿＿＿＿＿＿＿＿＿＿

我想:在学习中,＿＿＿＿＿＿＿＿＿＿＿＿＿＿＿＿＿＿＿＿

＿＿＿＿＿＿＿＿＿＿＿＿＿＿＿＿＿＿＿＿＿＿＿＿＿＿＿＿＿＿

第八章 经济篇

　　建湖，江苏省盐城市下辖的一个县级区域，地处经济欠发达的苏北地区，辖区面积仅 1154 平方公里，人口不足百万。然而，正是在这块从前并不富裕的土地上，近年来却先后出现了 10 多个全国"单打冠军"，目前已形成全国最大的杀螨剂生产基地、全国最大的雪尼尔生产基地、全国最大的液压油管钳生产基地、全国最大的油脂酸生产基地、全国最大的花炮出口生产基地、全国最大的排水板生产基地、中国石油装备制造业基地、中国节能电光源制造基地等等，并且拥有"森达""克胜""豪迈""玉人""象五""阳标"6 个中国驰名商标，小小县城何以屡屡创造如此经济奇迹呢？

　　你想了解建湖经济发展状况吗？你想知道建湖有哪些支柱产业吗？

第一节　发展中的农业

※ 农业发展的现状

建湖县农业历史悠久,素有"鱼米之乡"的美称。建湖是全国商品粮基地县,全国平原绿化先进县,全国瘦肉型生猪基地县,江苏省水产生产先进县,江苏省稻田养殖示范县,中国农科院生态中心试点县。

建湖农业生产自然条件优越。县境地势低平,土地肥沃,灌溉便利,气候温和,四季分明。全县历年平均气温14.2℃,平均相对湿度78%,年降雨量平均为1011.7毫米,平均日照时数为2219.1小时,年平均无霜期213.6天。全县总面积11.55万公顷,耕地面积6万公顷,人均占有耕地面积0.08公顷。草荡、水域面积为2.67万公顷。气候资源有利于种植业(图8-1)、养殖业(图8-2)的发展。

新中国成立后,建湖人民在党的领导下,改进耕作技术,兴修水利,改良土壤,推广优良品种,提高机械化作业,不仅从根本上改变了"望天收"的状态,而且逐步走向高产稳产。

图8-1　水稻种植业

图8-2　水产养殖业

※ 农业生产布局

建湖县农业生产门类齐全,以种植业为主。近年来,建湖县充分利用县域农副产品、淡水资源、劳动力等独特资源优势,坚持生态农业建设和规模农业建设并重,农业综合生产能力和市场竞争能力得到了大幅度的提高。农业内部结构不断优化,全县沿岗特经(特种经济作物种植)和蔬菜、内圩优质粮和畜禽、沿荡的水产和水禽三大区域特色基本形成。畜牧业以猪、鸡为主的耗粮型畜禽稳步发展,以羊、兔、鹅为主的节粮型食草畜禽快速增长,规模饲养大户不断涌现,林牧渔业成为二、三产业资金和人才转移的重点。全县无公害稻米、杂交稻制种、优质专用麦、水生作物、林木花卉、水禽、地方优质草鸡、水产等八大特色主导产业已成为农民增收的重要支柱。全县共认定无公害农产品基地 42 个、无公害农产品 10 个、绿色食品 5 个、有机食品 1 个,建立国家级标准化示范区 2 个。全县拥有农产品加工龙头企业 60 家,其中省级龙头加工企业 3 家,市级龙头加工企业 14 家。全县拥有水产协会、年糕协会、禽业协会、水生作物研究所等农村专业合作经济组织 42 个,农民经纪人 1.6 万人,经营产品占全县农产品商品总量的 45% 左右。县水产批发市场成为国家农业部定点批发市场。

一、以稻、麦为主的种植业

建湖县粮食生产是农村经济的主体。2001 年,建湖县以搞好产业结构调整为主线,突出科技支撑,强化服务推进,有力地促进了农业的发展。

近年来,建湖县种植业趋向多元化。按照缩粮,稳油、扩棉、蔬、水生作物和草桑的"一缩、一稳、四扩"的具体调整思路,进一步打破传统的以粮、棉、油为主的产业格局,因地制宜逐步培育壮大蔬菜、水生作物产业,发展食草和特种经济,初步形成适应市场需求的粮、棉、油、饲新型多元化复合种植结构。

建湖的经济作物是棉花和油料作物。自 20 世纪 50 年代中期起,串场河以东地区开始大面积种植,水田地区实行沤改旱后,棉花种植面积进一步扩大。

油料作物则以油菜为主,花生、芝麻亦有种植。

二、大有潜力的林业

建湖县属于平原水网地区,林业资源较少,所需木材靠外调,是经济建设中的一条短线。但荡滩资源丰富,圩堤面积较大,适宜营造丰收林。2001 年以来,全县抓住国家林业产业政策调整的机遇,以实施绿色通道工程建设为突破口,将林业作为农民致富的一项产业来发展,把公路两侧调农植林作为农业结构调整的第一仗来打,全县境内所有国道、省道、县镇道及部分镇镇道两侧全部按 20～50 米调农植林。全县成片造林 600 公顷,圩堤造林 147 公顷,经济林 200 公顷,田旁植树 209 万株,新建农田林网 693 公顷(图 8-3)。

图 8-3 黄沙港两侧的人工林

三、以养猪为主的畜牧业

近年来建湖县将畜牧业作为农民致富的重要产业和产业结构调整的重要方向来培育和发展,利用县域资源优势,围绕稳定发展生猪和家禽生产,突出发展山羊、毛兔和水禽生产的"两稳定三突出"发展思路,初步实现由家庭副业向农村经济支柱产业的跨越,稳定猪、鸡为主的耗粮型畜禽,以羊、兔、鹅为主的节粮型食草畜禽快速增长,成为全县增收的新亮点。2008年,新建年纯效益10万元以上的畜牧业规模养殖场(户)20个,其中万头猪场3个、10万只禽场(养殖小区)2个。规模养殖比重生猪达37%,肉禽达45%,蛋禽达55%,畜禽规模养殖新增7%。新建年纯收益达100万元的规模养殖小区(场)1个,新增年纯收入2万元以上的规模养殖户243户(图8-4)。

图 8-4 家禽养殖业

四、前途广阔的水产养殖

水是建湖的一大优势,具有发展水产养殖的良好条件。全县有内河、沟塘水面71.4万公顷,荡滩水域1万公顷,水域广阔,其中可供精养的水面达0.53万公顷。近年来,沿荡乡镇已建立十多个连片水产养殖基地。颜单、沿河、恒济等乡镇境内,开挖了大溪河水产养殖基地667公顷。实行"提水保柴",养鱼养蟹,饲养禽畜,立体经营,年产值超过千万元。建湖县合理利用地势低、水位高、河网多的特点,推广稻田养鱼,是建湖水产养殖的又一特色。

第二节 新兴的工业

谈起建湖,除了杂技、淮剧以及烟花等独具个性的文化,还有皮鞋、石油机械、节能灯具等特色鲜明的产业。

✳ 小作坊中腾飞的鞋业巨龙

皮鞋是建湖传统特色产业,龙头企业森达集团年产各类皮鞋3000万双,是中国最大的制鞋企业、全球最大的单个皮鞋生产企业,皮鞋产销量和市场占有率连年在全国名列前茅。森达品牌是中国皮鞋行业第一个驰名商标,集团拥有森达、好人缘两个中国名牌(图8-5)。

图8-5 森达品牌商标

向家长询问、了解森达集团的创业史,与同学交流并谈谈自己的感触。

✳ 特色产业苗壮成长

2009年7月11日,中国石油和石油化工设备工业协会负责人授予江苏省建湖县"中国石油装备制造业基地"的牌子,这是继山东东营之后,全国第二家获此殊荣的地区。同一天,来自国家工业和信息化部、中国石油天然气集团公司、中国石油化工集团公司、中国海洋石油总公司、中国石油和石油化工设备工业协会、中国石油技术开发公司、长城石油公司、相关科研院所、相关省市级领导、各大油田客商共 1000 多人齐聚建湖,举办"建湖·中国石油装备制造业基地发展论坛"。会上,共成功签约 20 个项目,其中 12 个投资项目,总投资近 15 亿元;5 个贸易项目,贸易额近 3 亿元;还有 3 个技术合作(开发)项目。

全县从事石油装备产业制造的企业有 400 多家,从业人员超过 2 万人,已形成了从铸锻到石油钻机、抽油机完整的产业链条,并正向特大型铸锻、油气复合开采设备等高端领域拓展,是全国最大的油田井口装置生产基地,产品畅销国内各大油田和欧美、中东、东南亚等 30 多个国家和地区。特达钻采公司生产的液压油管钳市场占有率达 75% 以上,信得公司生产的抗硫防喷器市场占有率达 70% 以上。

石油装备制造行业拥有高新技术企业 12 家,国家级和省级新产品 30 个,国际国内专利技术 400 多项。70% 以上的企业拥有石油行业一、二、三级网络资格,90% 以上的企业通过 ISO9000 体系论证,50% 以上的企业通过美国石油学会 API 认证。拥有中国驰名商标 1 个,行业名牌产品 1 个,省著名商标和名牌产品 3 个。

仅 2008 年以来,就新增各类数控机床及加工中心近 300 台(套),其中 100 万元以上的加工中心 100 多台(套)。信得公司购置进口数控设备 20 多台(套),仅设备购置就达 2 亿多元。三益、咸中、鸿达、阳标、双鑫的铸钢、咸中石油机械国家级检测中心等一批加工配套设施相继建成。与此同时,建湖县组建行业协会,整合行业资源,实行错位发展,规范市场行为。

面对国际金融危机带来的冲击,建湖县石油装备企业积极应对,化危为机。通过调整结构、整合资源、开发新品等,积极开拓国际国内两个市场。2008 年,信得公司投入 10 亿元新上钻机及钻井平台项目。双鑫公司引进国际一流人才,创办阀客隆有限公司,仅 2009 年上半年就新增销售 1000 多万元。鸿达公司与美国 FMC 公司合作,投资 5 亿元新上海洋油气检测装备项目。九龙阀门公司抓住西气东输和国家大力发展核能的契机,开发核电阀门,2009 年实现销售近 1 亿元。

建湖县石油装备产业的发展尽管受国际金融危机的影响,但仍然保持高速发展的势头。2009 年上半年实现经济总量 45 亿元,实现了时间过半、任务超半的目标,其中信得、鸿达、九龙公司入库税金同比分别增长 3.5 倍、4.6 倍、8.6 倍(图 8-6)。

图 8-6　建湖石油机械

统计数据表明,全世界每 4 只节能灯具当中,就有 1 只出自建湖。目前,全县拥有节能灯具生产企业 400 多家,产品由明管、粉管向整灯、高科技、高附加值的工业照明、公共照明、大功率等专用照明方面发展。2009 年,建湖县石油装备产业已被列为全省首批 30 个特色产业集群和全省重点发展的 15 个特色装备基地之一。近年来,豪迈照明科技有限公司的"豪迈"商标被认定为中国驰名商标(图 8-7),"振亚"商标被认定为江苏省著名商标,产品被认定为江苏名牌产品、江苏省高新技术产品、江苏省质量信用产品,14 种规格的节能灯通过中国节能产品认证,被纳入国家政府采购目录。2010—2012 年连续三年参加国家高效照明产品推广项目招标,所投三个标段全部中标,成为国家高效照明产品推广企业。

图 8-7　豪迈照明

石油机械、节能灯具产业是建湖县近几年迅速发展起来的重点支柱产业,也正在成为建湖的特色产业。

❋ 实践活动 了解白炽灯和节能灯的科普知识

1. 活动准备

(1)了解白炽灯和节能灯的区别及发光原理。

(2)分组讨论,确定了解的内容、方式以及相关人员的分工。

活动目的:_____

_____

_____

_____

需要了解的问题:_____

_____

_____

_____

主要采用的方式:_____

_____

_____

_____

具体人员分工:_____

_____

_____

_____

2. 活动流程

(1)小组筛选。

在各自分头准备后,各小组先作了解,而后小组内对各自分工内容进行整合,选出一人到发布会展示。要求发布人写好新闻稿。

(2)成果展示。

各组发布人讲解本组所获得的有关白炽灯和节能灯的科普知识,其间听众可提问,发布人简要作答。

(3) 就这次科普知识会写一篇日记。

在这次科普知识活动中,我感受到了 _____

_____

_____

_____

 资料链接

国家和地区白炽灯预计禁用(禁售)时间情况介绍

　　澳大利亚 2009 年停止生产,在 2010 年逐步禁止使用传统的白炽灯,这是澳大利亚倡议的减排温室气体以阻止全球气候变暖的措施之一。加拿大 2012 年前禁用白炽灯,加拿大是继澳洲后第二个宣布将禁用白炽灯的国家。日本到 2012 年止,停止制造销售高能耗白炽灯。韩国 2013 年底前禁止使用白炽灯。从 2012 年 1 月到 2014 年 1 月间,美国要逐步淘汰 40 瓦、60 瓦、75 瓦及 100 瓦的白炽灯泡,以节能灯泡取代替换。欧盟各国 2009 年 9 月起禁止销售 100 瓦传统灯泡,2012 年起禁用使用瓦数的传统灯泡。

　　2009 年 7 月,我国国家发展改革委员会与联合国开发计划署、全球环境基金合作共同开展"中国逐步淘汰白炽灯、加快推广节能灯"项目,支持研究编制《中国逐步淘汰白炽灯、加快推广节能灯行动计划》。2011 年 11 月 1 日,我国多部门联合印发公告,决定从 2012 年 10 月 1 日起,按功率大小分阶段逐步禁止进口和销售普通照明白炽灯。